D1810770

Biblioteca Era

Carlos Illades y Teresa Santiago

Estado de guerra

Carlos Illades y Teresa Santiago

Estado de guerra

De la guerra sucia a la narcoguerra

Ediciones Era

Primera edicion: 2014
ISBN: 978-607-445-374-4
DR© 2013, Ediciones Era, S.A. de C.V.
Calle del Trabajo 31, 14269 México, D.F.

Impreso y hecho en México
Printed and made in México

www.edicionesera.com.mx

Índice

Tendrán que decirme si de verdad
todo este horror de ahora era el Mañana.
José Emilio Pacheco

Para nuestros hijos

Prólogo

Nada más tristemente cierto en el México de hoy que "la guerra es la política por otros medios", como sentenció hace doscientos años el mariscal prusiano Karl von Clausewitz. Temeroso de la eventual confluencia del movimiento encabezado por Andrés Manuel López Obrador con los brotes de descontento social del año 2006 (Lázaro Cárdenas, Pasta de Conchos, Atenco y Oaxaca), el gobierno neoconservador emprendió una guerra para enfrentar lo que en su momento llamó "el México del caos". El enemigo declarado era el crimen organizado, pero uno de los objetivos prioritarios implícitos era poner orden en las clases subalternas, desarmar la resistencia a la modernización entendida exclusivamente como la promoción del interés privado. Durante todo su mandato, el segundo presidente panista trataría de romper cualquier agregado colectivo que obstaculizara este proyecto y, cada vez que lo juzgó necesario, empleó la fuerza (no siempre legítima) del Estado.

Invariablemente la guerra fue una condición para la conformación de los Estados modernos y con frecuencia acompañó el final de los regímenes políticos, como actualmente ocurre en el mundo árabe. México, que apuntaba hacia otra ruta con la alternancia política (en realidad una transición democrática trunca que dejó intocado al régimen), no está tan lejos como quisiéramos de esa tendencia. Cabe recordar que el Estado revolucionario se fraguó en una guerra civil, que los modernizadores norteños acabaron con los líderes de las facciones derrotadas (Zapata, Villa), que ajustaron cuentas entre ellos (Obregón con Carranza) y reprimieron también los conatos rupturistas dentro de sus filas (De la Huerta, Escobar, Vasconcelos); que el disenso dentro de la familia revolucionaria fue silenciado (Henríquez Guzmán), la oposición de izquierda condenada a la clandestinidad en varios períodos (los comunistas), encarcelada (Vallejo, Campa) o liquidada (Jaramillo), y la protesta juvenil cruentamente reprimida por el ejército en la Plaza de las Tres Culturas.

A estas víctimas de la violencia estatal se suman los desaparecidos de la guerra sucia durante las décadas de los setenta y ochenta, las tres centenas de perredistas muertos durante el gobierno de Carlos Salinas de Gortari, las masacres de Aguas Blancas y Acteal en el mandato presidencial de Ernesto Zedillo, los asesinatos y violaciones masivas de derechos humanos en Atenco y Oaxaca durante el de Vicente Fox. Para cerrar este ciclo sombrío, Felipe Calderón impuso a la sociedad, sin consultar más que a su conciencia, lo que llamaremos en este volumen un *estado de guerra*, esto es, el último coletazo del Estado autoritario construido en el siglo pasado justamente a partir de la fuerza.

Los conceptos de "estado de naturaleza" y "orden civil" o "jurídico", establecen un contraste fundamental entre la ausencia de reglas (anomia) y la instauración de un sistema de normas para regular la convivencia civilizada. Teóricamente concebidos, éstos no son "momentos" que puedan ser registrados como tales en la realidad histórica de las comunidades. Estado de naturaleza y orden civil son referencias: a aquello que se pretende superar, en el primer caso, a aquello a lo que se aspira, en el segundo. Junto con ellos, el concepto de "estado de guerra" nos parece adecuado para adentrarnos en la situación actual del país.

A falta de un poder público operante, emergen al primer plano las viejas corporaciones (Iglesia, ejército, comunidades) y los nuevos poderes fácticos (organizaciones criminales, televisión, monopolios), ahora en calidad de actores públicos, no de actores privados como señala el *dictum* liberal. Ocupan entonces un espacio que no les corresponde y, haciéndolo, usurpan la representación de la sociedad en su conjunto, siendo que, cuando mucho, expresan intereses privados. Para efectos prácticos, remplazan al Estado. Es un hecho que éste no controla aceptablemente lo que se supone debería controlar: el territorio, las fronteras, el tránsito de personas y el pago de derechos para hacer funcionar un negocio o simplemente para poder trabajar. Tampoco garantiza a los ciudadanos su seguridad, sea porque tienen que protegerse por su cuenta, sea porque deben organizar brigadas para vigilar la entrada y salida de las comunidades (Cherán, Urapicho, Caltzontzin, La Ruana, Buenavista Tomatlán, Olinalá, Tixtla, Ayutla de los Libres). Y la violencia, producto del combate a la delincuencia organizada, ya no es la excepción, sino que está presente en el día a día de miles de mexicanos y de los infortunados centroamericanos que exponen su integridad física en *La Bestia*.

Se trata de una situación anómala y peligrosa para la consolidación de la débil democracia mexicana, en la cual desafortunadamente el propio Estado ha hecho su parte para dar lugar a la aterradora situación en la que vivimos. Sin descargar a los grupos delincuenciales de su inmensa responsabilidad en la violencia salvaje e incontrolada, no hay duda que ésta ha sido provocada en buena medida por la estrategia con la cual se les combate. Pero el problema no se agota allí: el estado de guerra es un estadio más de la violencia endémica que padece la sociedad, en particular los subalternos, frecuentemente desencadenada desde el poder estatal, sea por su acción directa y la desatención de sus obligaciones elementales o por la colusión de los servidores públicos y los órganos de seguridad con el crimen en cualquiera de sus formas y escalas, proceso que detonó con el combate a las guerrillas. Este desapego hacia las necesidades más apremiantes de una parte importante de la población y, al mismo tiempo, la estrategia desarrollada para aplacar los brotes de insurgencia social deben verse también como violencia y no únicamente la que proviene de las ráfagas de los AK40 de los pistoleros.

Aunada a las omisiones del Estado en lo que toca al compromiso contractual con los ciudadanos, está la respuesta desmedida e irresponsable, incluso ilegítima, por medio de una guerra de la cual no son explícitos los objetivos reales y, por tanto, ignoramos cuándo terminará, así como el itinerario de retirada del ejército a sus cuarteles. Ahora bien, para emprender una guerra es indispensable identificar plenamente al enemigo a quien se va a combatir. Esto no es tan sencillo dada la considerable magnitud de la penetración del crimen en los tres poderes del Estado, los tres niveles de gobierno, las fuerzas de seguridad, la economía y algunos segmentos de la población urbana, como han evidenciado los narcobloqueos en algunas capitales estatales. Los ejércitos de sicarios están compuestos por jóvenes que han encontrado la movilidad social ascendente por la vía criminal, y no a través de un trabajo decorosamente remunerado o del estudio: una deuda más con la sociedad de quien prometió en la campaña de 2006 ser "el presidente del empleo".

Nos hemos auxiliado también de la noción de "guerra justa" para intentar caracterizar la respuesta del anterior jefe del Ejecutivo al problema del narcotráfico y sus secuelas. A primera vista parece difícil explicar cómo la cabeza de un gobierno que se preciaba de humanista y democrático, además de católico practicante, hombre de familia y defensor de los valores más tradicionales, pudo elegir el camino de la militarización para combatir el crimen, produciendo una sangría de ochenta mil muertes al día de hoy, más las incontables víctimas asociadas con éstas, y colocar en segundo plano el dolor de cientos de familias que ni siquiera han podido recuperar los restos de sus consanguíneos. En realidad, lejos de ser incomprensible, su despropósito es del todo racional bajo la lógica de combatir a un enemigo que representa la parte oscura que nadie quiere mirar ni comprender. En efecto, para el candidato de "las manos limpias", combatir al narcotráfico fue enfrentar al Mal mismo: es una causa justa y, por ende, el infierno en que se ha convertido la vida de cientos de miles de personas se justifica en razón de ese fin supremo. Actuar conforme a este postulado es propio de mentes retardatarias; no extraña que esta doctrina, que se atribuye a san Agustín, haya sido la postura oficial de la Iglesia católica durante siglos.

La guerra de Calderón, contra lo que él mismo podría pensar, no satisfizo los otros principios de la doctrina de la guerra justa: último recurso, autoridad competente y, sobre todo, proporcionalidad entre fines y medios, así como discriminación entre "combatientes" y "no combatientes". Para que una guerra sea justa, en efecto, no basta tener una causa legítima (como combatir al que provoca el mal, el daño, la lesión), sino cumplir con reglas de contención que pretenden evitar el sufrimiento innecesario: las llamadas "leyes de la guerra". Desde donde se vea, la cruzada emprendida durante su mandato no pareció cumplirlas. Nuestro objetivo, sin embargo, no es evaluar en estos términos la estrategia militar del "líder de los pacíficos", amarga ironía del nombre con que se hizo llamar hace ocho años, sino proponer que bajo esta perspectiva adquiere sentido y se hace comprensible la temeraria decisión de adoptarla.

Abundan los ejemplos históricos en que la "moralización" de la guerra permite allanar el camino para cometer todo tipo de excesos dejando de lado la normatividad vigente, y no sólo la interna, sino la de carácter internacional. La guerra justa contra los cárteles de la droga tiene grandes semejanzas con otras guerras "defensivas" igualmente cuestionables, como la de la administración de George W. Bush contra el "eje del terror". Y lo son porque la justicia que proclaman está más allá del derecho. A este respecto, la gesta militar del presidente panista exacerbó otras violencias latentes y menos visibles del entramado mexicano: la de la delincuencia común y la dirigida contra los líderes sociales, periodistas y defensores de los derechos humanos.

Una revisión cuidadosa de estos casos arroja mucha incertidumbre con respecto a la marcha de la transición mexicana. Si es muy difícil que la democracia germine en una desigualdad social tan extrema como la nuestra (baste ver el caso de las tarjetas Monex en la elección federal de 2012), sus condiciones de posibilidad menguan todavía más al cercenarse el derecho a la información asesinando a periodistas, cifra en la que vergonzosamente puntea el país a escala continental. Y peor todavía si el principal agresor es el Estado mismo. Esto es propio de dictaduras, y el gobierno mexicano no sólo se ufana de no serlo, sino que acostumbra denunciar los excesos en otras latitudes. Otro tanto ocurre con los defensores de los derechos humanos, por lo general familiares de las víctimas de la guerra, a quienes, por decir lo menos, se les ha dejado a merced de sus agresores.

La liquidación de los activistas sociales es más que preocupante porque evidencia el propósito de descabezar la resistencia de grupos y comunidades ante la creciente privatización de los bienes nacionales o el despojo de la propiedad de pueblos y ejidos. Como veremos hacia el final del volumen, frecuentemente los criminales y otras tantas veces los policías son la punta de lanza de las empresas (el caso de las mineras canadienses es ilustrativo al respecto) para apropiarse de los bosques, el agua y la tierra. Al igual que un *boomerang*, esto se vuelve en contra del orden civil y la gobernabilidad democrática, porque al mutilar los liderazgos la sociedad se desorganiza, multiplicándose la violencia. Como en otro tiempo, esta modernización salvaje llevada a cabo sin mediar reglas y obviando cualquier escrúpulo, constituye una de las principales amenazas para la paz social. Éste es uno de los costos mayores de la guerra, porque creció en estos años y quedó oculto en el montón de cadáveres que forman parte del siniestro registro cotidiano. Hoy más que nunca hacer el recuento de los daños es una obligación.

La Universidad Autónoma Metropolitana y el Consejo Nacional de Ciencia y Tecnología (proyecto de investigación básica 150714) nos brindaron las condiciones indispensables para elaborar este libro, mientras Guillén Torres Sepúlveda y Esteban Illades nos facilitaron materiales fundamentales para su elaboración. No está de más señalar que la responsabilidad sobre lo aquí escrito es enteramente nuestra.

Chapultepec, junio de 2014

1. La guerra interna

Las guerras internas plantean preguntas e inquietudes que ameritan recurrir a algunas categorías provenientes de la filosofía política, para así fundamentar la discusión y hacer una valoración de éstas. En particular, resulta central la noción de "orden" o "estado de derecho" (en contraste con "estado de naturaleza") como base del Estado y de su uso legítimo de la fuerza, conceptos acuñados en la modernidad. Intentaremos pues, a partir de éste y otros, formular las características de la guerra interna, una clase de conflicto que hasta la primera mitad del siglo pasado se distinguía de la guerra entre Estados soberanos y que hoy, debido a la complejidad que ha adquirido, parece retar a nuestras categorías y convenciones pues responde menos a la separación tradicional interno/externo.[1] Empezaremos repasando los conceptos centrales de la filosofía política que nos permiten acercarnos desde esta disciplina al fenómeno de la guerra interna y en la segunda parte del capítulo intentaremos sustanciar esos conceptos aludiendo a casos paradigmáticos de lo que hoy ocurre.

La guerra en el Estado moderno

La noción de guerra sólo es plenamente aprehensible a partir de la noción de "orden jurídico". Noción surgida en la modernidad, concibe al Estado como el producto de un pacto social. A partir de esta idea, los filósofos contractualistas de los siglos XVII y XVIII le dieron vida y fortalecieron el hasta ahora inamovible paradigma liberal occidental, cuyo fundamento es el orden, esto es, un espacio político y jurídico bien acotado fuera del cual persiste, en diferentes grados y

---

[1] La "gran división", como le llaman los teóricos de la filosofía de las relaciones internacionales.

modalidades lo no-ordenado, el estado de naturaleza cuya violencia puede desbordarse en cualquier momento. Uno de esos peligros inminentes es la agresión que viene de fuera. Acerca de la guerra entre los Estados (los poderosos leviatanes), Hobbes (junto con Grocio y otros grandes teóricos del Estado y de las relaciones internacionales) se pronunció, aunque sin conferirle la misma importancia que al conflicto interno. Vale la pena sacar a la luz la razón de ello porque resulta iluminadora para nuestros propósitos: Hobbes agudamente se percató de que la guerra intramuros es el peligro más grande al que puede estar sometida una comunidad o un Estado. Sin duda, la guerra interestatal es peligrosa y puede acarrear incontables males al interior de las naciones. Pero, realista al fin, el autor del *Leviatán* consideraba que la guerra entre naciones es la situación "natural" en la que coexisten los entes políticos y el lugar propicio para mostrarse en cuanto a su fuerza y poderío. Por el contrario, la guerra intramuros es síntoma inequívoco de un Estado débil e incapaz: "La anarquía internacional puede aún dejarnos con un gobierno nacional fuerte que proteja nuestros intereses. La anarquía nacional es dañina porque nos afecta directa y adversamente".[2]

De Hobbes nos separan, además de cuatro siglos, dos historias muy diferentes, por no decir inconmensurables. Intentar establecer paralelos entre la realidad inglesa del siglo XVII y la mexicana (o latinoamericana) del siglo XXI parece descabellado y, desde luego, no es nuestra intención. No obstante, hay algo en lo que Hobbes y los habitantes de algunas de las naciones azotadas por conflictos internos tan o más sangrientos que las guerras civiles somos cercanos: el miedo al caos absoluto, la vuelta al estado de naturaleza. La guerra civil, que en distintas etapas hizo nacer el parlamento inglés y de la cual, en gran medida, surgió la nación moderna, horrorizó a Hobbes por la cuota de violencia y odio entre las partes enfrentadas.

Qué tanto influyó en el desarrollo de su teoría política la experiencia de los convulsionados tiempos que le tocó vivir es algo que sigue siendo tema de discusión entre los estudiosos. Empero, lo que está fuera de toda duda es que Hobbes, como ningún otro au-

---

[2] Grover, "Hobbes and the Concept of International Law", p. 89.

tor de su tiempo, captó el enorme riesgo que corre una comunidad cuando el poder deja de estar en manos de la institución encargada de procurar seguridad y pasa a las manos de los grupos e individuos particulares; esto es, el riesgo de caer en el estado de naturaleza, sea por una guerra civil o bien, como en el caso de Colombia, por una guerra de guerrillas y, en el del México de hoy, por una guerra interna propiciada a partir del reto del crimen organizado al Estado y la tardía e ineficaz respuesta de este último.

Más allá de que nos resulte convincente la teoría contractualista del origen del Estado y de que coincidamos con Hobbes en el ingente poder que debe conferirse a éste, interesa sobre todo rescatar su intuición acerca del peligro que representa para una comunidad el posible retorno al estado de naturaleza que, a diferencia, del orden jurídico, se caracteriza por ser una "guerra de todos contra todos", guerra que nunca se supera totalmente pero que puede ser regulada y acotada. En efecto, el orden civil es el medio más racional para salir de esa "condición de guerra… consecuencia necesaria de las pasiones naturales de los hombres";[3] con la creación del Estado, la comunidad se transforma radicalmente: no sólo el estado de naturaleza cede su lugar al orden civil, sino que la multitud deja de ser una masa informe para convertirse en pueblo. Pero nada garantiza que la violencia y el caos no puedan volver cuando las instituciones sufren una retracción importante.

De inicio, aquello que lleva a los individuos a pactar para darse leyes y reglas de convivencia que regulen el inevitable conflicto que siempre habrá de darse en los grupos humanos es, según Hobbes, el miedo a una muerte violenta. Cuando lo que impera es el estado de naturaleza –esa "conjetura", como lo llamó Adam Ferguson en *Un ensayo sobre la sociedad civil* (1767), de carácter meramente metodológico, no histórico–, los hombres y mujeres viven sometidos a sus propias normas. Lo que equivale a decir que no están sometidos a ninguna ley, sino al arbitrio individual y a la suerte. En condiciones tan precarias, la fortaleza física no garantiza la supervivencia: incluso los más fuertes tienen momentos en que deben dormir y es ahí cuando un enemigo más débil puede tomar ventaja y asestar el

---

[3] Hobbes, *Leviatán*, p. 137.

primer golpe. Nadie puede ser un vigilante perpetuo de las acciones e intenciones de los otros; nadie, salvo el Estado mismo.

La seguridad que brinda un orden civil no depende exclusivamente de la fuerza física, sino de la fortaleza de las instituciones, una frase que no por ser un cliché carece de validez. Y ésta se consigue a través de legislar buenas leyes, esto es, justas. Desde luego, para todos los teóricos modernos del Estado era muy claro que la ley más justa no garantiza su obediencia y que, por lo tanto, había que recurrir a la fuerza física en los casos de incumplimiento. La fuerza física del Estado, es decir, las policías y las fuerzas armadas (el ejército), es el último recurso para establecer el orden civil y jurídico de una comunidad. No se puede prescindir totalmente de la coacción física del Estado, y menos aún de la fuerza de las leyes (algo que Maquiavelo entendió a la perfección). En el origen mismo de la idea de Estado se le vincula con la fuerza, pero legítima, porque es el que vela por el mantenimiento del orden jurídico. La sentencia de Weber en el sentido de que el Estado es el portador exclusivo de la violencia legítima no hace sino recuperar esta convicción de la modernidad temprana.

Desde luego, una pieza fundamental de cómo se vinculan el miedo, la protección, la fuerza física, el orden, la ley y demás elementos de la vida política de una comunidad es qué se entiende por seguridad. Con acierto, Hobbes afirma que por seguridad no se entiende aquí "una simple conservación de la vida, sino también de todas las excelencias que el hombre puede adquirir para sí mismo por medio de una actividad legal, sin peligro ni daño para el Estado". De donde se sigue sin demasiadas dificultades esta conclusión: si un Estado no cumple con la meta de hacer posibles las condiciones bajo las cuales la población pueda adquirir –en grados razonablemente diversos– "las excelencias para sí mismo" a través de actividades legales, está dándole razones a los ciudadanos para que incumplan el pacto social y, con ello, se pone en el mayor riesgo al orden civil/jurídico. Al igual que un organismo vivo, el Estado puede debilitarse y llegar a su práctica desintegración. Un Estado mengua por varias razones; algunas de ellas tienen que ver o bien con la falta de energía (de poder) o bien con el exceso de poder en una de las instancias de gobierno, lo que lleva a la fragmentación del poder mismo. Esto conduce muchas veces al surgimiento de "comunidades morales" al margen de la ley, que devienen en "centros de todos los modos de actividades relacionales ilegales, cuyas esferas de circulación alcanzan todo el cuerpo social y con frecuencia también a sociedades exteriores […] las nombramos mediante denominaciones tales como 'barrios', 'dominios de los señores de la droga', 'villas miseria' y 'feudos de los señores de la guerra'".[4]

Guerra interna y guerra civil

Hemos partido de considerar al orden social como el producto de la consolidación del Estado. Ese orden es lo que, en su versión original se llama "sociedad civil", o lo que es lo mismo, una "sociedad de derecho y comunidad política; un orden pacífico basado en el consentimiento implícito o explícito de los individuos, una zona de 'civilidad'".[5] Sólo tomando como telón de fondo la idea de "orden", puede aprehenderse la noción de "guerra", una noción eminentemente política que aún conserva muchos de sus elementos originales a pesar de las enormes transformaciones del propio fenómeno histórico en los últimos doscientos años. Nuevamente recurrimos a Hobbes, quien ofrece una definición que podemos considerar clásica: "la guerra no consiste solamente en batallar, en el acto de luchar, sino que se da durante el lapso de tiempo en que la voluntad de luchar se manifieste de modo suficiente", de esta manera, la naturaleza de la guerra consiste "no ya en la lucha actual, sino en la disposición manifiesta a ella durante todo el tiempo en que no hay seguridad de lo contrario".[6]

Destacamos del texto dos ideas: la voluntad de luchar y la necesidad de seguridad. Éstas son las dos caras de una misma moneda: la guerra es disposición a luchar, al enfrentamiento, a la violencia;

[4] Ibid., p. 275; Arrighi, Hopkins y Wallerstein, *Movimientos antisistémicos*, p. 112.

[5] Kaldor, *La sociedad civil global*, p. 20. El término tiene otras acepciones. La propia Kaldor menciona estas cuatro: la clásica (*societas civilis*), la versión activista, la neoliberal y la posmoderna.

[6] Hobbes, *Leviatán*, p. 102.

la segunda, a la que ya nos hemos referido, es el mecanismo para evitarla o reducir el peligro de su emergencia. De los dos componentes, el primero se refiere al carácter disposicional a la lucha –por parte de los hombres y mujeres agrupados en una comunidad– que nunca desaparece. Consecuentemente, el principal mecanismo para equilibrar esta condición de guerra –según una visión moderna y liberal del Estado– es la garantía de seguridad. En ausencia de ésta, los individuos recurren al derecho (fundamental y, por ende, incuestionable) de hacerse de cualquier recurso para garantizar su subsistencia lo que, eventualmente, abona el terreno del estado de guerra interna.

La definición hobbesiana se aplica a todo tipo de guerra (interna o externa), pero es muy útil para el caso de la guerra interna porque ahí se perciben claramente estos dos aspectos. De una parte, tenemos que aun consolidada la sociedad civil como un orden pacífico y civilizado que se fundamenta en el consentimiento de los miembros de la comunidad, el peligro de volver al estado de naturaleza está siempre latente; y el otro aspecto importante se refiere a que los miembros de esa comunidad lo que anhelan por encima de cualquier cosa es la seguridad que sólo el Estado puede garantizarles.

Ahora bien, la guerra interna se caracteriza por ser un conflicto en el cual se ha pasado de esa condición disposicional a una forma de violencia activa que no se manifiesta en eventos aislados (los propios de toda comunidad política), sino que se da como una situación de violencia desbordada, permanente y difícil de revertir. Es necesario además reconocer varios tipos de guerra interna; no toda guerra interna es una guerra civil, y esto es importante señalarlo. Hagamos pues el intento de diferenciar la guerra civil de otras, tanto o más cruentas que ella.

Una definición tentativa de "guerra civil" es la siguiente: una situación en la que "dos o más organizaciones militares distintas, una de ellas al menos relacionada con el gobierno anterior, combaten entre sí por el control de los principales medios gubernamentales dentro de un único régimen". Ante esta fragmentación del Estado podría desencadenarse una revolución, lo que suele acontecer cuando "el Estado ha perdido la capacidad para mantener sus funciones básicas y cuando al menos dos contendientes luchan por ganar el control".[7] Por su parte, la guerra interna –no civil– es el estado de violencia generalizada producido por un "enemigo interno" que amenaza la estabilidad del Estado, pero que, en principio, no pretende hacerse con el poder político, sino incrustarse en el sistema, dentro del cual se reproduce. La guerra civil tiene un componente ideológico fundamental, sea político o religioso (o ambos); en cambio, las motivaciones de los que personifican una guerra interna pueden ser ideológicas (políticas) –como en el caso de la guerrilla– o de otro tipo, como en el caso de la guerra entre el Estado y el crimen organizado. En este último, la motivación principal es la defensa de intereses particulares de índole económica, como la violencia desatada por las mafias o la llamada "narcoguerra". Desde luego, hay varias combinaciones posibles, como ha mostrado la historia reciente en algunos países de Europa del Este y de América Latina.

Este primer acercamiento al análisis y posible diferenciación entre la guerra civil y otros tipos de guerra interna nos permite dar un segundo paso hacia una revisión más detallada que nos revele las particularidades de cada una y proporcione criterios más o menos seguros para distinguirlas.

Quizá habría que empezar por preguntarse sobre las causas de las guerras internas, dado que la vuelta al estado de naturaleza es el peligro más serio una vez que se ha conformado el orden civil. Éstas pueden ser de muy diversa índole. Sería imposible señalar todos los posibles detonantes; cada situación y contexto presenta componentes singulares. De cualquier manera, podemos intentar adelantar alguna hipótesis general.

Hemos dicho que las guerras civiles –por el momento hablaremos sólo de éstas– se presentan cuando el Estado se fractura y lo que hay, entonces, son fracciones de éste ("*proto*-Estados") disputándose el poder y el control político. Comentando las guerras civiles que ocurrieron en Europa en la primera mitad del siglo XX, en particular las que se dieron en Finlandia, España y Grecia, Julián Casanova apunta que, "más allá de las etiquetas emocionales, esas guerras civiles no fueron simplemente el resultado de la rivalidad

---

[7] Tarrow, *El poder en movimiento*, pp. 194, 361.

político militar entre dos facciones contendientes". En estos y otros casos se trató también de cómo "organizar el Estado y la sociedad en años turbulentos". Pero, sobre todo, lo que había era "una crisis social, con rasgos manifiestos de lucha de clases, integración nacional y, en el caso español, importantes divisiones religiosas".[8] De manera que la fractura se debe también a la agudización del conflicto acerca de cómo organizar el Estado mismo, por qué principios políticos e ideológicos deben regirse la política, la economía y la sociedad en su conjunto. La ruptura del orden social es el momento de crisis y revela las diferentes posturas de los actores políticos; posturas ya existentes antes de aquél, pero ahora cada una busca someter y dominar a la otra.

Tanto en los tres casos estudiados por Casanova como en cualquiera que eligiéramos de la historia moderna y contemporánea, está presente el conflicto ideológico –de carácter irreconciliable– que adopta los más variados nombres: republicanos *versus* monárquicos; blancos contra rojos; demócratas frente a fascistas, etcétera, aunque éstos, en realidad, son irrelevantes, tan sólo "etiquetas emocionales". Si a esto se agrega el elemento religioso, las diferencias adquieren un carácter aún más radical. El elemento de clase está también presente y debe destacarse que no es infrecuente que las guerras civiles sean la secuela de la crisis de un Estado en los momentos de transición. Frágiles e inestables de suyo, esas coyunturas políticas presentan condiciones propicias para intentar hacerse con el poder político e implantar un nuevo régimen.

Ahora bien, la guerra civil es la secuela del momento de ruptura, lo que sigue a éste y, como todo proceso político y militar, puede alargarse o bien verificarse en diferentes etapas. El carácter irreconciliable de las diferencias ideológicas entre las partes enfrentadas en esa lucha feroz hace que se haya adoptado el término "guerra" para calificarla. Es una aplicación no carente de lógica, tanto si recurrimos nuevamente a un clásico como Hobbes, como si empleamos su significado más usual, el cual designa el enfrentamiento entre dos voluntades (siguiendo al clásico clausewitziano, *De la guerra*), dos entes políticos diferentes, dos naciones, dos Estados. Pero, por otra

---

[8] Casanova, *Guerras civiles en el siglo XX*, p. 2.

parte, es ambiguo si pensamos en que la guerra civil es una guerra no sancionada por ninguna instancia superior, a diferencia de la guerra interestatal. En la guerra civil, cada fracción se ostenta como el poder único y, como tal, posee su propia estructura política y hasta su ejército; las leyes de la guerra no son otras que las que las partes enfrentadas imponen. Lo importante, en todo caso, es que se reconocen mutuamente como enemigos, como iguales en la contienda.

Sólo en las últimas décadas se ha abierto el debate sobre la justificación jurídica y moral de intervenir militarmente en otros países cuando las guerras civiles derivan en matanzas masivas e incluso genocidios, las llamadas "guerras humanitarias".[9]

Veíamos entonces que la naturaleza ideológica del conflicto es un criterio útil para determinar los tipos de guerra interna. En cierto sentido, todo conflicto en el interior del Estado tiene un carácter político, porque eso es lo que define nuestro vínculo, en tanto individuos (o grupos), con las instituciones. Pero esto no significa que todo conflicto posea motivaciones políticas o ideológicas de cierto cuño. Casos en los cuales el elemento ideológico/político es sustancial al conflicto son, como ya se dijo, las guerras civiles, las rebeliones, las insurrecciones populares, los movimientos armados y las revoluciones. En cambio, algunos tipos de guerra interna se distinguen de todas éstas por la ausencia de una motivación política definida; su interés es meramente económico. El ejemplo paradigmático es la guerra entre las mafias del crimen organizado y el Estado; entre éstas, la narcoguerra ocupa un lugar sobresaliente.

De las que forman parte del primer grupo, junto con la guerra civil, hay un tipo de lucha armada que también merece ser incluido en el rubro de "guerra interna", pero que posee características peculiares muy distintas de las guerras criminales (si bien en algunos casos, como el de las FARC en Colombia han mantenido nexos con éstas); nos referimos a la guerra de guerrillas. Este tipo de conflicto armado, al igual que la guerra civil, tiene su origen en la agudización de los conflictos sociales, étnicos o culturales, principalmente, pero, en principio, lo que persigue es el cumplimiento de demandas populares articuladas sobre todo alrededor de la justicia social, aun-

---

[9] Sobre esto se abunda en Santiago, *La guerra humanitaria*, cap. 3.

que, eventualmente, se plantea la toma del poder político. La guerrilla es, de acuerdo con los clásicos, más un recurso militar de los grupos opositores a un régimen (frecuentemente autocrático) para socavar el poder existente y contribuir a la transformación del *statu quo*, que un objetivo en sí misma, y constituye tan sólo una parte de la estrategia revolucionaria. Lenin reconoció la importancia de esta forma de lucha que, junto con las huelgas y la acción directa, habría de colaborar en el derrocamiento del zarismo.[10]

Es una característica de la guerra de guerrillas cierta ambigüedad en cuanto a la definición de su lucha. De una parte, los fines que persigue son de tipo social, es decir, la reivindicación de derechos y, con éstos, la transformación de las condiciones prevalecientes; no busca necesariamente hacerse del poder político, pues considera que iría en desdoro de la naturaleza genuina de su lucha (recordemos el rechazo del Ejército Zapatista de Liberación Nacional a participar en la vida política institucional no obstante el "referéndum" planteado por el propio movimiento rebelde en 1995). Sin embargo, como toda forma de conflicto (y de guerra), ésta tiene un carácter eminentemente político por lo que, tarde o temprano, estos grupos se ven en la necesidad de intervenir en "la" política, ya sea para empujar sus demandas, negociar, o bien para reafirmar su decisión de no someterse al *statu quo*.

A las guerrillas latinoamericanas se les relaciona casi siempre con la izquierda, cuando este vínculo es meramente contingente, al menos si las colocamos en una perspectiva de larga duración, pues se remontan a las guerras de independencia o, incluso, a las rebeliones populares del período colonial. En el subcontinente, la guerra de guerrillas ha tomado la forma, casi siempre, de una guerra de baja intensidad, con eventuales repuntes, que se prolonga por un tiempo indefinido, además de ser el brazo armado de partidos políticos no reconocidos por el régimen en turno, o bien de movimientos sociales que optan por esos medios para combatir la injusticia, la desigualdad y la marginación. Un ejemplo cercano es el de los numerosos grupos guerrilleros que desde los años sesenta han tenido presencia en diferentes zonas del territorio mexicano. Y, en la his-

---

[10] Lenin, "La guerra de guerrillas", XI, p. 226.

toria reciente, el encarnado por el EZLN, que desde su primera aparición la madrugada del 1 de enero de 1994, mostró como objetivo principal la transformación de las condiciones de injusticia y marginación prevalecientes desde tiempos inmemoriales, más que la toma del poder, como pudo constatarse en los meses y años posteriores. Algo completamente diferente sucede con las nuevas guerras internas producidas por el combate al crimen organizado. Éstas no tienen como propósito reivindicaciones sociales, ni políticas. Tampoco, en principio, buscan gobernar, sino, en una lógica empresarial, poner el poder del Estado a su servicio; aunque, como ha ocurrido en México con los Zetas y los cárteles que se han pulverizado, han implantado impuestos informales como el "cobro de piso".[11] Aquéllos, incluso, han sometido a los demás criminales de tal manera que figuran entre sus tributarios, con lo que lograron expandir su presencia a 405 municipios de México y Centroamérica, esto es, convertirse en el cártel mexicano con mayor dominio territorial.[12]

Más aún, la violencia asociada a los grupos criminales es el resultado de la operación de éstos –comercio ilegal que siempre requiere de grupos armados que vigilen la compra-venta y distribución de la mercancía, diriman el conflicto entre distintas mafias o cárteles, etcétera– y la previsible reacción del Estado; esto es, la violencia es el vehículo o medio para conseguir sus fines cuando encuentran alguna resistencia, pero su meta no es acabar con aquél del cual, en gran medida, se benefician. Por ello no es extraño que en algunas ocasiones los grupos delictivos quieran pactar con el Estado para frenar la guerra, deshacerse de algunos de sus miembros y continuar sus negocios en un clima más propicio.

Este último punto nos da pie para mencionar otro criterio importante: en la guerra civil, el conflicto es más proclive a generalizarse, tanto territorial, como institucionalmente. En la medida en que se tiene un Estado fragmentado, éste no puede seguir funcionando con normalidad, ni puede garantizar que no se propague la violen-

---

[11] Es innegable, sin embargo, la penetración de las mafias en las esferas más altas de gobierno en algunos países. No es improbable, por lo tanto, que ya existan los Estados mafiosos o "narcos".

[12] Ríos y Dudley, "La Marca Zeta", pp. 42-43.

cia. La experiencia indica que en la mayoría de las guerras civiles esa fragmentación da lugar a dos Estados con sus respectivas instancias y ejércitos que, en la propia lógica de la guerra civil, son mutuamente excluyentes. Uno terminará por derrotar al otro. En el caso de las guerras internas no civiles, el Estado puede seguir funcionando con aparente normalidad mientras mantenga el control –así sea mínimo– de la situación. En gran medida este control lo mantiene gracias al ejército y a la fuerza pública. La violencia puede seguirse propagando, pero una característica peculiar de las guerras internas es que ésta convive con las actividades "normales" y cotidianas de la población. Esta aparente normalidad hace de las guerras internas un riesgo extremadamente grande para el orden social.

Ahora bien, ¿qué tan pertinente es aquí el empleo del término "guerra"? En la búsqueda de la respuesta aparecen varias rutas. Una de ellas es la siguiente: este tipo de conflicto es definido por el Estado como "guerra" porque considera al otro su "enemigo" en la medida en que lo enfrenta y desafía al orden, a la legalidad. Se trata de un elemento disruptivo y que desafía al orden social, enemigo de la sociedad en su conjunto y, por tanto, el Estado tiene que combatirlo e intentará exhibirlo como el causante de los males de la sociedad, cuando en realidad, las guerras internas son una consecuencia y no una causa de esos males. Siendo el Estado el que tiene el derecho nominativo por ser el legítimo dueño de la violencia institucional, llamar "guerra" al combate a las mafias y al crimen organizado le permite, en muchos casos, instaurar un régimen de excepción *de facto*, y por tanto extralegal (un estado de guerra), y aprovecharlo también para combatir cualquier conato de revuelta social.

La violencia de que echa mano el Estado –así como la respuesta del enemigo interno– es muy variable, pero es, sin duda, un aspecto definitorio de la guerra interna. La respuesta violenta junto con el hecho de que el enemigo lo es por estar fuera del orden son los aspectos más relevantes en los que descansa la analogía y la pertinencia semántica del término "guerra" para referirse al combate a las mafias y el narcotráfico. Si bien es imposible concederle ninguna justicia o validez a sus motivaciones, se le otorga al grupo delincuencial la categoría de fuerza beligerante, pero, al mismo tiempo, ninguna de las partes reconoce los principios o "leyes de la guerra" establecidos en el Derecho Internacional Humanitario (DIH). México hoy es un caso excepcional en cuanto al nivel de violencia desplegada en la guerra del Estado contra el crimen organizado la que, a su vez, ha propiciado la agudización de la lucha entre las bandas rivales, si no es que ciertas formas de "limpieza étnica" medianamente disfrazadas en las que gatilleros y sicarios forman parte de una humanidad excedente a la cual no se le asigna ningún valor. El escalamiento sólo es comparable a lo que acontece en regiones del planeta en las cuales se libra, de hecho, una guerra civil provocada por una invasión de fuerzas extranjeras, como es el caso de Irak o Siria.[13]

La otra ruta ya ha sido sugerida e indica que, mientras el Estado, en su facultad nominativa, considera una guerra la que mantiene contra las mafias y con ello les concede la categoría de fuerzas beligerantes, no sucede lo mismo en el caso de la guerrilla. Esto es así porque como bien advirtió Carlos Montemayor: "la primera reacción oficial ante un grupo guerrillero no es de orden militar o policíaco, sino la tajante descalificación de su naturaleza; se le acusa de grupo terrorista o se le descalifica como gavilla de bandidos, delincuentes comunes".[14] En efecto, a los levantamientos armados, se cuidan muy bien los gobiernos de no reconocerlos como fuerzas beligerantes porque, de ser así, tendrían que considerar la posibilidad de aceptar sus razones válidas o causas justas, además de someterse a las convenciones internacionales sobre leyes de la guerra.[15]

Aunque también los gobiernos pueden reaccionar, en un segundo momento, reconociendo, si no total por lo menos parcialmente, las causas de la inconformidad, raíz del levantamiento. Pero en

<hr>

[13] Habría que añadir que el número de "bajas" en la guerra contra el narco en México ya ha superado con creces al de la guerra en Irak.

[14] Montemayor, *Chiapas*, p. 15.

[15] Sabiendo que el Estado no le reconocería legitimidad como ejército popular, en la *Declaración de la Selva Lacandona*, primer manifiesto del EZLN emitido la madrugada del 1 de enero de 1994, se le declara, en efecto, la guerra al mal gobierno de Carlos Salinas de Gortari y, conforme a ello, se pide a los organismos internacionales que se les reconozca como fuerza beligerante "de nuestra lucha de liberación" y, por tanto, el derecho a estar sometidos a "lo estipulado por las Leyes de Guerra de la Convención de Ginebra". Montemayor, *Chiapas*, p. 39.

cambio, se descalifican los medios, el recurso a las armas. El Estado es el único poseedor de la violencia legítima y, como tal, no puede aceptar que otros utilicen las armas para exigir ser escuchados. Pero, además, voluntariamente desconoce las muy diversas formas de violencia que se ejercen, en este caso contra sectores marginados de la sociedad. Los movimientos armados son una respuesta a un tipo de violencia –la desigualdad, la marginación, la injusticia, la discriminación, el abuso, etcétera– que no puede ser reconocida como tal por parte de quien la ejerce, tan sólo como "rezagos" o "desatenciones". Al desconocer este hecho, la responsabilidad de romper la paz social pasa de inmediato a los grupos armados. Los violentos son los otros y, al igual que en el caso del combate al crimen organizado, se les considera los causantes de que se perturbe la paz y la estabilidad social, la "civilidad"; no el resultado de las propias falencias de un Estado que ha dejado de cumplir con su función básica que es la de procurar seguridad –en el sentido que ya se mencionó– a los ciudadanos. Es así que a los movimientos armados que buscan reivindicaciones sociales se les considera, como a las mafias, enemigos, pero a diferencia de lo que se hace con éstos, no se les declara la guerra de manera abierta, lo que no significa que no se les combata con todos los recursos con que cuenta el poder público.

Antes del surgimiento en América Latina de las mafias organizadas, y en algunos casos paralelamente, los ejércitos de países como Colombia, Perú y México, entre otros, se ocupaban principalmente de atender los desastres naturales y combatir los focos guerrilleros. En todos estos casos, el Estado se consideró a sí mismo como la parte agredida y, por ende, totalmente justificado en su combate contra los grupos rebeldes; pero en una guerra "irregular", casi secreta. Así pues, desde su óptica, "guerra interna" significa combatir al enemigo sin distinguir si se trata de grupos armados que luchan por reivindicaciones sociales, étnicas o culturales, o bien de mafias del crimen organizado. A los primeros se les puede enfrentar con una guerra oculta de la que sólo tienen información los altos mandos del ejército y los altos niveles de gobierno, y si se les va a combatir abiertamente, primero hay que clasificarlos como "delincuentes" o bien, "terroristas". En casos como el de Colombia, ha sido una ventaja para los gobiernos involucrados en una larga guerra en varios frentes internos comprobar nexos entre el narcotráfico y la guerrilla. Ese tipo de descomposición política permite que indiscriminadamente se haga frente con toda la fuerza del ejército a los grupos subversivos.

Llegamos, por último, a una pregunta que debe entenderse como una invitación a reflexionar sobre el tema, más que a intentar dar una respuesta clara y contundente. ¿Cuándo y hasta dónde es legítimo combatir la violencia con la violencia? Desde luego, una parte de la respuesta no implica ningún tipo de controversia. Un Estado, ya se ha dicho, no puede renunciar a ejercer violencia contra grupos o individuos que violan la legalidad. Renunciar a esa prerrogativa es renunciar a la responsabilidad adquirida a través del pacto social. Pero también es cierto que, como atinadamente pensó Maquiavelo, se requiere de talento y perspicacia política para determinar qué tanta violencia y en qué casos debe ser ejercida. La pura fuerza física no basta para combatir algunos tipos de violencia. Y esto vale tanto para las guerrillas como para la guerra contra la delincuencia organizada.

La experiencia indica, por lo menos en países como Colombia y México, que cuando sólo se combaten militarmente las guerras internas pueden extenderse de manera indefinida con un costo muy alto en pérdidas humanas y recursos materiales, y con una profunda descomposición política, social y moral; sobre todo, con dudosas expectativas de éxito. Acaso podría aceptarse que, en el caso de Colombia, en la guerra contra los cárteles de la droga se ha logrado una victoria, si no contundente, sí importante. Pero no puede decirse que sea una victoria exclusivamente militar. El debilitamiento de los principales cárteles colombianos se debió también, en gran medida, a que fueron desplazados por los mexicanos al cambiar las rutas de introducción de las drogas al mercado estadounidense. Y si en esta guerra interna el Estado consiguió de nuevo el control, no puede decirse lo mismo en el caso de la guerra contra las FARC. Aquí, el ejército regular colombiano combate desde hace décadas a un ejército enemigo, con una organización militar y una disciplina paralelas a las suyas. Y si bien es cierto que la fuerza del ejército rebelde ha mermado al paso de los años como resultado de los fuertes embates del ejército regular, respaldado por la ayuda de los Estados

Unidos a través del Plan Colombia, quedan todavía importantes focos insurgentes y, en curso, la llamada "guerra irregular".[16] Tan es así que, en los meses pasados, comenzó un diálogo formal entre el gobierno y la guerrilla para pacificar el país.

México ha transitado por un proceso casi inverso al de Colombia. Pero también con resultados poco alentadores. El Estado logró desarticular los movimientos armados y la guerrilla, principalmente en el período conocido como "guerra sucia", en los años 1970 y 1980. Mismo fenómeno que se presentó en toda América Latina en donde la respuesta, en la mayoría de los casos, llevó a "acciones violentas procedentes de diversos sectores del Estado y de los aparatos de gobierno, así como de grupos de interés económico y político [...] Uno de los instrumentos fundamentales, podríamos decir, constitutivos, de esas acciones 'de gobierno' fue la violencia desenfrenada, una violencia que bien puede ser calificada de inhumana". Como resultado de la guerra sucia en México, los focos insurgentes y guerrilleros, aunque vigentes en numerosos puntos del país, no dan evidencias de tener la fuerza y extensión que tuvieron en esos años. Después de fracasar en su primera ofensiva, el EZLN renunció a disputarle al Estado el poder político. Hoy, como dice un estudioso de la guerrilla mexicana, "la mundialmente famosa experiencia neozapatista de Chiapas se consume en una interminable tregua".[17]

Pero quien actualmente le disputa el control de las instituciones al Estado mexicano y mantiene en jaque el orden civil es el crimen organizado, principalmente, los cárteles de la droga. Esta guerra interna tiene características inéditas tanto por su alcance (nacional e incluso trasfronterizo) como por su intensidad (una violencia muy extendida y prácticas inauditamente crueles en el sacrificio de las

[16] "Como antecedente estructural de violencia política más inmediato a la década de 1980 están los acontecimientos de 1948 que han situado como 'punto de quiebre' el acontecimiento del 'Bogotazo' a partir del cual se transformó el conflicto político –la oposición partidista– en un conflicto armado que asume la configuración de una guerra civil irregular con efectos devastadores en la sociedad y la economía colombianas actuales." Salazar Cruz, *Las viudas de la violencia política*, pp. 60-62.

[17] Ruiz Guerra, *Entre la memoria y la justicia*, p. 10; Bellingeri, *Del agrarismo armado a la guerra de los pobres, 1940-1974*, p. 10.

víctimas). Tolerada y voluntariamente ignorada por décadas, la delincuencia organizada en México creció y se infiltró prácticamente en todos los órdenes de gobierno y en los tres poderes del Estado. La complicidad de muchos funcionarios y grupos de "hombres de negocios" con estas mafias delincuenciales ha impedido, hasta el momento, que se les persiga y aplique la ley; en otras palabras, la impunidad e ingente corrupción han llevado a la pérdida de control del orden social por parte de quienes deberían tenerlo. No hay que desoír la recomendación de César Gaviria, el presidente colombiano que negoció la rendición de los miembros del cártel de Medellín, quien afirma que "el esquema de justicia es lo que reduce la violencia".[18]

¿Qué tan pertinente es la respuesta militar en un caso así? Muchos sectores de la sociedad piensan que es una respuesta adecuada porque guarda proporción respecto del peligro que representan grupos criminales con un poder económico y, en consecuencia, de corrupción prácticamente ilimitado. Sin embargo, si acudimos al examen de los resultados obtenidos en esta guerra, no parece sostenerse la tesis de que ha sido una estrategia correcta utilizar al ejército y ahora a la Marina para combatir la violencia desatada por el narcotráfico. En efecto, es ésta, piensan algunos, "una guerra monumental, con fuerzas disparejas y que muchos consideramos, en términos estratégicos, perdida, porque los recursos que la sostienen son demasiados, el mercado consumidor es enorme y los mecanismos nacionales para detener esta maquinaria internacional, claramente insuficientes".[19]

Y no sólo eso. Un análisis más serio de cuáles han sido las causas del estado de cosas en que nos encontramos, revelará, tarde o temprano, que están relacionadas con aquellas que han producido las otras guerras internas: las que tienen que ver con las tareas no cumplidas del Estado en términos de garantizar a los ciudadanos –volviendo de nuevo a Hobbes– "todas las excelencias que el hombre puede adquirir para sí mismo por medio de una actividad legal, sin peligro ni daño para el Estado".

[18] "En México, riesgo de paramilitares", *El Universal*, en línea, 8 de marzo de 2013.
[19] Fernández Menéndez, *El otro poder*, p. 21.

Ni el gobierno ni tampoco los mandos militares parecen estar conscientes de que la lógica de la guerra es implacable. Más allá de si lo que se combate es a la guerrilla y los grupos insurgentes o a las bandas del narcotráfico, difícilmente podrán evitarse, según se documenta cada vez más, abusos y violaciones a los más elementales derechos humanos, como veremos más adelante. Consecuencia en parte del clima de impunidad dominante, este estado de guerra también ha provocado el recrudecimiento de la violencia social, ahora eclipsada por el objetivo estratégico de acabar con el crimen organizado. Dentro de la macabra estadística que convierte a individuos de carne y hueso únicamente en números, los líderes sociales y sus causas, esto es, las omisiones del Estado que hemos señalado, son una cifra más.

Tanto el crimen organizado como la errática respuesta estatal, que ha intensificado y extendido la violencia a buena parte del territorio nacional, constituyen actualmente las amenazas mayores para la precaria democracia mexicana. El primero, porque corroe rápidamente a las instituciones e interviene cada vez más en los asuntos públicos y en los procesos electorales, como pudimos observar en la elección constitucional de 2012. La otra, porque reduce las libertades, socava los derechos y alimenta la impunidad, de forma tal que merma el poder de decisión del ciudadano sobre lo público.

Esta guerra interna es tan inútil como lo fue la guerra contra el terror de George W. Bush, porque está sostenida en las mismas percepciones erróneas del problema y en la misma soberbia de quien sólo cuenta con la fuerza (física) del Estado –ejército y policías– y no atiende a sus puntos débiles más urgentes, mengua la democracia y genera en ciertos espacios un virtual estado de excepción.[20] Es, por lo tanto, también, una guerra condenada al fracaso. Lo único que podemos esperar, o más bien lo que deseamos, es que los costos no sean tan elevados como lo han sido en otros contextos. A poco de haberse celebrado el bicentenario de la Independencia mexicana, el destino parece haber alcanzado a un país que, para terminar de consolidarse, tendrá que superar esta su prueba más difícil... o sufrir la vuelta al estado de naturaleza.

---

[20] Agamben, "El gobierno de la inseguridad", p. 28.

2. La definición del enemigo

La guerra de Felipe Calderón contra el crimen organizado desempolvó dos lógicas bélicas caducas que, aunque relacionadas entre sí, obedecían a dinámicas distintas. Nos referimos a la guerra sucia, con la cual el Estado mexicano confrontó a la guerrilla, y a la guerra contra las drogas de Richard Nixon, emprendida con el objeto de guarecer a la población estadounidense del consumo de enervantes. Concebidas en el marco de la Guerra Fría, ambas coincidían en situar al enemigo en el Tercer Mundo y partían de la premisa de que era necesario reforzar militarmente a los Estados para contener una eventual insurrección popular. También asumían que todos los recursos serían válidos para cumplir este objetivo.

Los anticuerpos producidos por el Estado para responder a la irrupción guerrillera en la década de 1960 le hicieron un gran daño al país y algunos de estos gérmenes podridos alimentaron la mayor amenaza a la seguridad nacional y a la convivencia pacífica, esto es, el crimen organizado. Ante la emergencia, el "monopolio de la violencia legítima" estatal operó sin que fuera contrabalanceado adecuadamente por instituciones protectoras de los derechos de los ciudadanos o mediante órganos de impartición de justicia probos, independientes y expeditos, que resguardaran a las víctimas de los abusos del poder. Esto por no mencionar el fuero militar –privilegio heredado del siglo XIX, cuando las corporaciones estaban situadas por encima del orden civil–, que únicamente sirvió para asegurar la impunidad y la opacidad, pues, además de hacer más vulnerables a los ciudadanos y obstaculizar el control republicano sobre las fuerzas armadas, facilitó la eventual corrosión y corrupción de la institución castrense por parte de la delincuencia al mantenerla alejada del escrutinio público.

La subversión doméstica

La guerrilla rural es endémica en nuestro país. De hecho, desde la Revolución mexicana la violencia no ha cesado en el campo, no obstante que los ejércitos populares fueron derrotados en aquel conjunto de acontecimientos fundadores del nuevo Estado. Agraristas, cristeros, cedillistas, sinarquistas, henriquistas, cabañistas, neozapatistas y eperristas se rebelaron a lo largo del siglo XX y fueron contenidos, cooptados o liquidados por el régimen que fundaba su legitimidad en una revolución hecha en nombre de las masas populares, a las que no dudó en reprimir cuando se sintió amenazado.

Las motivaciones de los grupos rebeldes fueron de índole diversa, si bien no pocos reivindicaron el reparto agrario, la autonomía comunitaria, la autodefensa ante las agresiones reiteradas de los caciques y fuerzas del orden, o plantearon objetivos revolucionarios, con las obvias excepciones de cristeros y sinarquistas. En cualquier forma, el núcleo de sus demandas se concentró en la justicia y el derecho a la rebelión frente a una situación considerada inaceptable (incluida la represión y la violencia en distintos grados) y habiéndose agotado las instancias civiles de negociación. La espiral de la violencia inicia con demandas básicas, podríamos decir que constituyen el mínimo con el que debería contar cualquier mexicano, insatisfechas por el Estado. Y la consecuente represión, dirigida hacia quienes se organizan y protestan, derechos ambos consagrados en el orden legal vigente. Desde Rubén Jaramillo, en Morelos, hasta el subcomandante Marcos, en Chiapas, aunque podríamos remontarnos al siglo XIX, con Julio López en Chalco, las rebeliones de los subalternos del campo han seguido esa dinámica que comienza con la violencia de los grupos dominantes y secunda el Estado a nivel local o federal, continúa en la resistencia (primero civil y después armada) y concluye en la insurrección, esto es, se consuma la ruptura de lo que ha llamado Barrington Moore el "pacto social implícito" que une a los gobernados con los que gobiernan, provocando que la parte agraviada "se oponga a la ejecución de su tarea".[1]

[1] Moore, *La injusticia*, p. 32.

36

Distinto fue el caso de la guerrilla urbana de la década de 1970, expresión política de una juventud instruida y radicalizada, inconforme sí con el *statu quo* representado por el régimen autoritario y el capitalismo dependiente, pero también a disgusto con la pasividad o franca sumisión de las organizaciones obreras y campesinas al sistema corporativo del priato. En su afán por activarlas, aquélla incurrió en lo que Carlos Pereyra llamó la "violencia aventurera", caracterizada por la tentativa de sustituir a los actores sociales por una vanguardia armada, a la movilización popular por una estrategia militarista.[2] Y en sus versiones más grotescas, a la clase obrera por un "proletariado estudiantil" que intervendría en su nombre.

Buscando una presentación pública espectacular, hacerse del arsenal y escarmentar al ejército por el maltrato a los campesinos, el joven profesor Arturo Gámiz, quien dirigía el Grupo Popular Guerrillero (GPG), y siete de sus compañeros virtualmente se inmolaron en el desafortunado asalto al cuartel de Madera, Chihuahua, la madrugada del 23 de septiembre de 1965, donde también perdieron la vida seis de los 125 militares de la guarnición. La impericia y la crecida de los ríos por las lluvias impidieron llegar a tiempo al segundo contingente guerrillero, que traía el grueso del armamento, por lo que los 13 atacantes (del total de 31 previstos), mal pertrechados además, nunca controlaron la situación pese al desconcierto de los soldados por el sorpresivo asalto, y fueron batidos con relativa facilidad. Aunque algunos heridos, cinco rebeldes lograron huir.[3]

Sorprendido en Madera por un grupo de muchachos inexpertos, el régimen diazordacista formó en noviembre de 1965 el Grupo de Investigaciones Especiales C-047 de la Dirección Federal de Seguridad (DFS), que databa de 1946 y estaba a cargo del capitán Fernando Gutiérrez Barrios. Con la creación de estas fuerzas especiales se colocó el primer pilar de la "guerra sucia", aparato policíaco inescrupuloso en materia de derechos humanos e inmune a cualquier control legal. El C-047 quedó bajo el mando del tristemente célebre Miguel Nazar Haro, con su brazo derecho, Luis de la Barreda

[2] Pereyra, *Política y violencia*, p. 38.
[3] Castellanos, *México armado, 1943-1981*, p. 82.

Moreno.[4] La guerrilla rural detona con un conjunto de demandas sociales insatisfechas y derechos elementales conculcados, la protesta y la represión; pasa por la resistencia y la constitución de grupos de autodefensa para llegar después a la conformación de núcleos armados e, idealmente, a la insurrección popular. Dentro de este patrón, Lucio Cabañas Barrientos formó un grupo de autodefensa armada tras el asesinato de maestros y padres de familia en Atoyac de Álvarez el 18 de mayo de 1967, a manos de la policía motorizada, quien los atacó frente a la escuela Juan N. Álvarez con un saldo de once víctimas. Dos mil soldados ocuparon la población para prevenir más hechos de sangre, dado que "de la sierra de Atoyac han estado descendiendo campesinos de los cafetales, a los que siempre se ha considerado como sumamente peligrosos". Aunque lamentando lo sucedido, el secretario de Gobernación, Luis Echeverría Álvarez, lo atribuyó a "un desbordamiento de pasiones".[5]

El Partido de los Pobres (PDLP), formado por Cabañas en 1970, tuvo por brazo armado la Brigada Campesina de Ajusticiamiento. En junio de 1972 se dio a conocer públicamente al emboscar un convoy militar. La Secretaría de la Defensa Nacional reaccionó multiplicando la presencia militar en el estado sureño que, para 1974, sumaba 50,000 soldados (desmesurada si consideramos que la guerrilla cabañista oscilaba entre los 200 y los 350 hombres), a la vez que el gobierno federal autorizaba la plena discrecionalidad a estas fuerzas y el arrasamiento de poblaciones enteras formando un cerco informativo alrededor del conflicto. Un reporte de inteligencia estadounidense valoraba la situación en estos términos tras la muerte de Cabañas:

El ejército desde luego recibió merecidos reconocimientos por finalmente haber eliminado al terrorista que todo México conocía por su nombre. Debe recordarse, sin embargo, que la actividad

[4] Aguayo Quesada, *La Charola*, pp. 120 y ss.

[5] "Ya son dos mil los soldados que mantienen una tensa calma en Atoyac de Álvarez, Guerrero", *Excélsior*, 21 de mayo de 1967; "Aparente calma en Atoyac, donde patrulla la tropa", *Excélsior*, 20 de mayo de 1967; "Sin nexos entre sí, los recientes líos", *Excélsior*, 24 de mayo de 1967. La mejor crónica de los sucesos está en Montemayor, *Guerra en El Paraíso*, pp. 19-21.

de Cabañas estuvo restringida geográficamente. En la medida en que la actividad terrorista en México representa una amenaza a la estabilidad política (y pensamos que es mínima), esa violencia anónima del terrorista urbano es causa de mucha mayor preocupación que la que alguna vez representó Cabañas.[6]

En el frente "social", por medio del Plan de Desarrollo Integral del Estado de Guerrero, se canalizaron como nunca recursos para la salud, la educación, la electrificación, el agua potable, los caminos y el desarrollo económico en los poblados de la sierra. Y, en 1975, se destinaron 446 millones de pesos para los ejidatarios de Atoyac, foco de la guerrilla cabañista. Pero, a pesar de la inversión gubernamental, Guerrero mantuvo uno de los más bajos ingresos *per cápita*, con el dudoso privilegio de ser la entidad con mayor migración interna del país, convirtiéndose además en el principal productor de amapola y marihuana de la República. El general Roberto de la Vega Díaz, ex comandante de la 35 zona militar, en Chilpancingo, señaló hace unos años que esas prácticas ilícitas difícilmente "cambiarán mientras no se modifiquen las condiciones socioeconómicas en las que viven la mayoría de los guerrerenses". Lamentablemente, ni éstas, ni la brutalidad estatal frente a la protesta social quedaron atrás a juzgar por las policías federal y estatal "limpiando la calle" de los estudiantes de la Escuela Normal Rural Isidro Burgos (Ayotzinapa) donde cincuenta años atrás estudió Lucio Cabañas.[7]

De todas las organizaciones armadas, la Liga Comunista 23 de Septiembre (constituida el 15 de marzo de 1973, en Guadalajara) fue la que tuvo un contingente más numeroso (cerca de cuatrocien-

[6] Departamento de Estado, "Death of Lucio Cabañas Barrientos", 4 de diciembre de 1974. http://wikileaks.org/plusd/cables/1974MEXICO10138_b. html. Fecha de consulta: 26/05/2013 (trad. propia).
[7] "No ha bajado en Guerrero cultivo y trasiego de droga: 35 zona militar", IRZA. Agencia de noticias, 11 de marzo de 2011. Ver también Aguayo Quesada, *La Charola*, p. 311; Rangel Lozano y Sánchez Serrano, "La guerra sucia en los setenta y las guerrillas de Genaro Vázquez y Lucio Cabañas en Guerrero", pp. 521-522; Illades, *Guerrero*, pp. 162 y ss.; Wood, "Plata y plomo", p. 122; Ricardo Rocha, "Guerrero: Aguas Blancas II?", *El Universal*, en línea, 14 de diciembre de 2011.

tos militantes con presencia en nueve estados de la república) y la que contaba con mejor capacidad operativa; fue también la que preocupó más al Estado y fue duramente escarmentada por la Brigada Especial Antiguerrillas (BEA), mejor conocida como Brigada Blanca, policía política a cargo de Nazar Haro que debutó masacrando a seis guerrilleros en una cancha de basquetbol en el poblado Los Piloncillos de la Sierra de Atoyac. La BEA procedía en parte del ya mencionado Grupo de Investigaciones Especiales C-047, al que se agregaron miembros del ejército (Francisco Quiroz Hermosillo y Mario Arturo Acosta Chaparro Escápite) y agentes de la Procuraduría de Justicia del Distrito Federal (Francisco Sahagún Baca y Salomón Tanús). Sobre casi todos ellos habría después sospechas fundadas acerca de su colusión con el crimen organizado. De ese período recuerda el militante de una organización guerrillera: "'Hubo muchas ejecuciones sumarias [...] a los detenidos los mataban directamente'".[8] El gobierno federal, además, había determinado no negociar con los guerrilleros cuando cundió la ola de secuestros en 1973, entre éstos, el fallido plagio del empresario regiomontano Eugenio Garza Sada quien, en la confusión desatada por la balacera en una calle de la capital neolonesa, recibió un disparo mortal.[9] La prensa neoleonesa no dudó en vincular al régimen echeverrista con el socialismo chileno, responsable en última instancia de la radicalización en la región:

El incidente también causó un sentimiento anti-Allende. La página principal de *El Norte* caricaturizó a la guerrilla en forma de bes-

[8] José Luis Moreno Borbolla, "La 23 de Septiembre llevó la peor parte", *Re-incidente*, 2ª quincena de marzo de 2012. Ver también "Los Piloncillos, otro capítulo negro de la Brigada Blanca en Guerrero", *La Jornada*, 22 de abril de 2012; Aguayo Quesada, *La Charola*, p. 311; Gamiño Muñoz, *Guerrilla, represión y prensa en la década de los setenta en México*, pp. 59, 74 y ss.; "Freno a la guerrilla, misión de la Brigada Blanca", *Milenio*, 18 de enero de 2004.

[9] De acuerdo con un ex agente de la DFS infiltrado en la 23 de Septiembre, a partir de esta ejecución el empresariado regiomontano creó su propio departamento de inteligencia, que operaba en la Cervecería Cuauhtémoc, el cual instrumentó acciones en contra de la guerrilla. Osorno, *La guerra de Los Zetas*, p. 87.

tia blandiendo un volumen de Marx y avanzando de Chile hacia México. Las mencionadas cámaras sostuvieron en un documento que la postura pro-Allende del gobierno y el "precipitado" duelo de tres días indicaba la simpatía hacia el terrorismo de izquierda.[10]

Richard Nixon y Luis Echeverría (15 y 16 julio de 1972) trataron conjuntamente el peligro que representaba el comunismo en el continente: "El presidente mexicano insistió en que la manera de combatir las actividades subversivas de Fidel Castro y la atracción que ejercía el presidente chileno Salvador Allende era incrementar la inversión de Estados Unidos en América Latina", a lo que Nixon respondió que la condición para promover tal inversión era lograr "estabilidad" pues los inversores "americanos" temían a las economías de corte "nacionalista y las consabidas expropiaciones".[11]

Para 1975, ultimados los principales dirigentes y con la infiltración policíaca y la fragmentación en varias corrientes, la Liga Comunista 23 de Septiembre estaba prácticamente liquidada, aunque su ala más militarista, si vale el matiz, actuó todavía hasta 1980, ya sin una delimitación creíble entre los objetivos políticos y la delincuencia común.

Paralelamente a la guerra sucia, pero sin suspenderla, el gobierno federal ofreció una reforma política para incorporar a la oposición al sistema político y una amnistía a los presos políticos. No por casualidad Jesús Reyes Heroles, secretario de Gobernación en el gabinete de José López Portillo, anunció la reforma el 1 de abril de 1977 en la ciudad de Chilpancingo.[12] Destacaba en la oferta gubernamental el principio de representación proporcional para las minorías políticas, lo que permitiría acceder a la Cámara de Diputados a las formaciones de izquierda, en particular el Partido Comunista Mexicano (PCM), el Partido Revolucionario de los Trabajadores (PRT) y el Partido Mexi-

[10] Departamento de Estado, "Reaction to assassination of Garza Sada", Monterrey, Nuevo León, 18 de septiembre de 1973. http://wikileaks.org/plusd/cables/1973MONTER00356_b.html. Fecha de consulta: 26/05/2013 (trad. propia).
[11] Kate Doyle, "The Nixon Tapes: Secret recording from Nixon White House on Luis Echeverria and much more", http://www2.gwu.edu/~nsarchiv/NSAEBB/NSAEBB95/. Fecha de consulta: 14/03/2014 (trad. propia).
[12] Rodríguez Araujo, *La reforma política y los partidos en México*, p. 81.

cano de los Trabajadores (PMT). En 1977 el primero obtuvo su registro como partido político nacional, el PRT en 1979, y el PMT en 1984. La guerrilla nunca representó una amenaza de consideración a la seguridad nacional. Su baja capacidad de fuego y su limitada inserción en organizaciones sociales con presencia nacional le han impedido hasta ahora trascender el plano local. No obstante, el Estado respondió con cuerpos especializados para acabar con ella (incluso de manera física) y, para combatir al PDLP, con un despliegue militar literalmente sin precedentes, el mayor después de concluida la fase armada de la Revolución mexicana. Esto se complementó con un incremento del gasto social dirigido a atender las raíces de la protesta, para proseguir con una reforma política que incorporara a la oposición a los procesos electorales, la represión selectiva, las desapariciones forzadas y la ejecución extrajudicial de algunos de los líderes. Sin embargo, los caminos construidos durante la militarización de Guerrero, que comunicaron a la sierra con la costa, pavimentaron también la ruta del crimen organizado.

Los golpes a la guerrilla rural, con la muerte de Lucio Cabañas, y a la guerrilla urbana, con la desaparición de Ignacio Salas Obregón, cabeza de la Liga Comunista 23 de Septiembre, ambas en 1974, marcaron el declive de los movimientos armados en México, si bien no su erradicación. Sin embargo, ante un enemigo derrotado, arreció la guerra sucia la cual se prolongó hasta entrada la década siguiente. Rubén Figueroa Figueroa, secuestrado durante cuatro meses por el PDLP, premió a uno de sus liberadores, el entonces mayor Acosta Chaparro, al convertirlo en jefe de la policía de Acapulco y, más adelante, de toda la entidad. Diversos testimonios lo incriminan como responsable de construir una cárcel clandestina en un sótano de la Dirección de Tránsito de Acapulco, de torturar y asesinar a detenidos en el fraccionamiento Copacabana (Punta Diamante) y de inaugurar –junto con el general Quiroz Hermosillo– los "vuelos de la muerte" desde la Base Aérea Militar Número 7, de Pie de la Cuesta. "Muchos estaban vivos cuando los lanzaban a altamar", afirma la ex senadora Rosario Ibarra de Piedra. Procesado por la justicia militar por nexos con el narcotráfico y violación de los derechos humanos en 2000, Acosta Chaparro fue excarcelado siete años después. En 2008, su amigo, el secretario de la Defensa Nacional general Guillermo Galván Galván, le reintegró sus condecoraciones y en una ceremonia oficial le dio el trato de héroe. Sufrió un atentado dos años más adelante y, en abril de 2012, fue ejecutado por un sicario en la ciudad de México.[13] De las 600 desapariciones forzadas ocurridas en Guerrero documentadas por las organizaciones civiles, alrededor de 400 ocurrieron en Atoyac. Una de ellas, conocida ampliamente ahora gracias a la tenacidad de su viuda que tuvo que recurrir a la justicia internacional para recibir la justicia que en México se le escamoteó, es la del líder social Rosendo Radilla Pacheco, detenido ilegalmente en un retén militar el 25 de agosto de 1974 y trasladado al cuartel militar del poblado, donde se le vio por última vez. Todavía ya avanzado el primer sexenio de la "alternancia", el juez penal a quien se turnó el caso en agosto de 2005, donde se responsabilizaba al Estado "por los delitos de privación ilegal de la libertad bajo la modalidad de plagio o secuestro", se dijo incompetente (no sabemos si en los dos sentidos), y remitió el expediente a la justicia militar. En noviembre de 2009, la Corte Interamericana de Derechos Humanos (CIDH) emitió su sentencia condenando por unanimidad al Estado mexicano "por graves violaciones a los derechos humanos". Y, en agosto de 2012, la Suprema Corte de Justicia de la Nación (SCJN), a propósito del asesinato en 2009 de un joven indígena en un retén militar en Huamuxtitlán, Guerrero, declaró inconstitucional el artículo 57 del Código de Justicia Militar, que impedía que los miembros de las fuerzas armadas fueran procesados por los tribunales ordinarios cuando atentaran contra civiles.[14]

En la campaña presidencial del 2000, Vicente Fox ofreció a la ciudadanía crear una comisión de la verdad para esclarecer los crímenes del Estado mexicano de la masacre de Tlatelolco en adelante,

[13] "El militar que a hierro mataba", *Proceso*, 22 de abril de 2012; Castellanos, *México armado 1943-1981*, pp. 160 y ss.; Aguayo Quezada, *La Charola*, p. 232; "Calderón perdió a su narconegociador", *Proceso*, 22 de abril de 2012; "Lamentable que los represores vivan y mueran en la impunidad: Ibarra", *La Jornada*, 22 de abril de 2012; "Dan 50 años de prisión al asesino de Acosta Chaparro", *El Universal*, en línea, 28 de enero de 2013.
[14] "Revoluciona el caso Radilla el sistema jurídico mexicano", *Milenio*, en línea, 18 de julio de 2011; "Invalida Corte norma del fuero militar en delitos contra civiles", *La Jornada*, 22 de agosto de 2012.

lo que le sirvió para ganar el "voto útil" y no para hacer justicia. Ya en el poder, a sugerencia de Santiago Creel y Rafael Macedo de la Concha, secretario de Gobernación y procurador general de Justicia, respectivamente, Fox optó por una modesta Fiscalía Especial para la Atención de Hechos Probables Constitutivos de Delitos Federales Cometidos Directa e Indirectamente por Servidores Públicos en Contra de Personas Vinculadas con Movimientos Sociales y Políticos del Pasado (FEMOSPP), conocida más por su discrecionalidad en el manejo del presupuesto que por sus logros efectivos en el esclarecimiento de los crímenes del Estado, no obstante que para el guanajuatense "con este tipo de hechos, el gobierno está demostrando que no existe contraposición entre verdad y justicia, que nuestra lucha a favor de los derechos humanos es verdaderamente real". En marzo de 2012, el gobierno del estado de Guerrero conformó una comisión de la verdad, con "la tarea de revelar la verdad sobre estos desaparecidos [de la guerra sucia], determinar su paradero y castigar a los responsables, cosa que le faltó a la extinta Fiscalía Especializada [...] creada por el gobierno de Vicente Fox". A un año de fundada, se acusó a sus miembros de malversar los fondos destinados a los deudos.[15]

El enemigo externo

De acuerdo con el general Antonio Riviello Bazán, secretario de la Defensa Nacional durante la administración de Carlos Salinas de Gortari, el ejército estaba preparado desde 1984 para responder tanto a la amenaza interna (el naciente EZLN), como a la exterior (la guerrilla centroamericana), cuando el general Juan Arévalo Gardoqui, secretario en turno, ordenó a la Inspección General del Ejército

[15] Sergio Aguayo Quezada, "Por la verdad", *Reforma*, en línea, 24 de noviembre de 2010; Eduardo González Velázquez, "Los crímenes del pasado, la FEMOSPP los pasó I", *La Jornada Jalisco*, en línea, 23 de febrero de 2007; "Es decepcionante la actuación del gobierno en derechos humanos: AI", *La Jornada*, 24 de mayo de 2007; *Fox Contigo*, 6 de diciembre de 2003; "Comisión de la verdad indagará más de 600 desapariciones", *El Universal*, en línea, 25 de marzo de 2011; "Señalan desvíos en Comisión de la Verdad de Guerrero", *La Jornada*, 11 de marzo de 2013.

y la Fuerza Aérea constatar "las condiciones reales en que se encontraban las tropas en el sureste de la república, considerando como hipótesis: oponerse a una agresión proveniente del exterior o alteraciones al interior del teatro de operaciones del sureste". También instruyó formar "un órgano de inteligencia especializado, encargado de evaluar, interpretar, explorar y difundir la información necesaria, tanto para el orden interno como para realizar operaciones, y que al mismo tiempo fuera la base de una estructura nacional para desarrollar actividades de información".[16]

Con respecto de la habilitación de la tropa –continúa el general Rivello– se creó más adelante el Centro de Adiestramiento de Operaciones en la Selva, "con instructores nacionales preparados en el extranjero, que utilizaron las experiencias de otros países (Guatemala)" contra los movimientos guerrilleros. Se formaron también los grupos Anfibio de Fuerzas Especiales (GANFES) y Aeromóvil de Fuerzas Especiales (GAFES), adiestrados en localización y desactivación de explosivos y minas, los cuales fueron entrenados por oficiales de Estados Unidos, Inglaterra, Chile y Guatemala. De los GAFES, conviene recordar, desertó el grupo de militares de élite que formaría los Zetas, inicialmente el brazo armado del Cártel del Golfo y actualmente un cártel independiente, donde, se sospecha, participan algunos ex *kaibiles*, la sanguinaria fuerza especial del ejército del país vecino que combatió a la guerrilla en el departamento de Petén, contiguo a Chiapas. Tras la masacre de 27 campesinos en aquella región centroamericana en mayo de 2011, el presidente guatemalteco, Álvaro Colom, declaró a los medios que "es posible que dentro de los grupos de los Zetas en Guatemala haya ex *kaibiles* […] que han sido señalados como responsables de enseñar prácticas de decapitación a los cárteles mexicanos". La DEA, por su parte, reportó la presencia de *kaibiles* entre los Zetas. También se habla de la presencia de "centroamericanos" que imparten entrenamiento militar en el territorio de los Caballeros Templarios.[17]

---

[16] "Riviello: el ejército se preparó desde 1984 para enfrentar la insurgencia en Chiapas", *La Jornada*, 24 de agosto de 2009.

[17] Ibidem.; "Ex *kaibiles* y los Zetas, autores de la masacre: Colom", *El Universal*, en línea, 17 de mayo de 2011; "La masacre de San Fernando en los

La propagación de los cárteles mexicanos fuera de sus fronteras –un fenómeno reciente en el sur y de más larga historia en el norte– ha puesto en un nuevo predicamento al ejército; puesto a operar como fuerza anticrimen, está en constante peligro, no sólo de cometer acciones violatorias de los derechos humanos de connacionales, sino también de ciudadanos centroamericanos que por centenares intentan cruzar el territorio para llegar a Estados Unidos. De una parte, los cárteles han encontrado en los migrantes una fuente inagotable de dinero que les obligan a entregar para subir a La Bestia; de la otra, está el ejército que debe combatir a los extorsionadores y vérselas con un problema para el cual no ha sido entrenado. Son cosa de todos los días las violaciones y abusos por parte de los soldados a que son sometidas sobre todo las mujeres que cruzan la frontera.

Pero es con el poderoso vecino del norte que los gobiernos mexicanos han tenido que negociar, acordar y, no pocas veces, verse obligados a lidiar con "la guerra contra las drogas", término acuñado durante el gobierno de Nixon y adoptado décadas después por Felipe Calderón, si bien con importantes diferencias en su sentido. No deja de ser interesante, sin embargo, cierta coincidencia en los motivos de uno y otro para lanzarse a tal combate, a saber, enfrentar un panorama político-electoral sumamente difícil. El escenario en que se dio la elección presidencial de 1968 era todo menos fácil: "incluía el asesinato del líder afroamericano Martin Luther King Jr. y el del candidato presidencial Robert Kennedy; problemas raciales en las principales ciudades del país; violentas manifestaciones en contra de la guerra de Vietnam y una creciente epidemia de abuso de drogas entre los jóvenes". Nixon ganó la contienda siendo una de sus banderas la instauración de la "ley y el orden" y, en ese contexto, sus primeros discursos fueron enfáticos en su oposición a una política de tolerancia por considerar que la creciente demanda de droga era "la causa principal del aumento de la violencia en las calles"; y se refería claramente a los distintos aspectos que debían de ser considerados: "penalización, prohibición, educación, investigación y rehabilitación".[18]

ojos de EUA", *Blog de la Redacción, Nexos*, en línea, 7 de noviembre de 2013; Ernst, "En territorio templario", p. 52.

[18] Walther, "Insanity", pp. 3, 4. http://www.StrategicStudiesInstitute.army.mil/. Fecha de consulta: 27/07/2013 (trad. propia).

Es justo decir, por tanto, que si bien en ambos casos –Nixon y Calderón– el panorama previo a la elección sirvió para lanzar una estrategia que, de paso, podía contrarrestar la efervescencia política y social, la del primero abarcaba un abanico más amplio para contender con el problema, frente a la pura estrategia militar del segundo. Y, sobre todo, Nixon se abocó acertadamente a reducir la demanda de drogas en lugar de enfocarse en la otra parte de la ecuación: frenar el abasto, que si bien es indispensable, no siempre da los mejores resultados. Así, el 17 de junio de 1970 declaró oficialmente la "guerra contra las drogas" y "por primera y única vez en la historia del combate a las drogas, el presidente estadounidense destinó más presupuesto federal a la prevención y el tratamiento que a la aplicación de la ley".[19]

Pero aun con buenos resultados en la práctica, esta estrategia tuvo que ser abandonada por una más convencional en el segundo periodo presidencial que terminó con la renuncia de Nixon por el escándalo de Watergate. Puede decirse que desde entonces –salvo algunos vanos intentos por regresar a la estrategia inicial– se impuso la segunda parte de la ecuación del combate a las drogas pese a los magros resultados obtenidos por décadas; la demanda no sólo no disminuyó, sino que se incrementó haciendo del narcotráfico, junto con la venta de armas,[20] el negocio más productivo jamás visto. En efecto, los gobiernos neoconservadores, como los de Reagan y los dos Bush, impusieron una política de "cero tolerancia" al consumo de drogas, pero en ningún caso se logró frenar la creciente demanda de mariguana y cocaína, a las que se agregaron, desde los años 1980, las drogas sintéticas.

De otra parte, en los gobiernos demócratas –Carter, Clinton y el mismo Obama–, la retórica política a favor de enfrentar el fenómeno desde el ángulo de la salud pública ha estado muy lejos de traducirse en un aumento significativo de los recursos dirigidos a atender a los millones de adictos y a la prevención, aun cuando los números prueban que resulta menos costosa tal empresa que seguir

[19] Ibid., p. 4.
[20] En los últimos años, la trata de personas se suma a estos lucrativos negocios.

destinando cantidades ingentes de dinero a frenar el abasto, que siempre encuentra sus caminos para llegar a los consumidores, lo que no significa que no deba combatirse.[21] La contradicción entre la retórica liberal y tolerante, de un lado, y la política real de otro ha sido evidente en varios casos, por ejemplo recordemos que fue en el gobierno de Clinton cuando se instrumentó el Plan Colombia,[22] que no sólo estaba destinado a combatir el flujo de narcóticos, sino también a la guerrilla de las FARC.

Sin duda parece insensato empeñarse en una estrategia que sigue arrojando resultados negativos a lo largo de cuatro décadas. La respuesta a la pregunta de por qué persistir en ella no es fácil, pero es posible conjeturar que el negocio de las drogas en un país que tiene la economía más grande del planeta va en contra de la propia ideología que genera esa riqueza (¿puede distinguirse hoy claramente entre el lavado de dinero y los negocios lícitos?). Los más liberales opinan que tal vez la solución racional sea la de la lenta y progresiva legalización de ciertas drogas como la mariguana.[23] En algunos estados se sigue esta tendencia actualmente,[24] si bien no es la opinión oficial de la Casa Blanca.

[21] Véanse los cuadros con las cifras de lo que las administraciones –de Nixon a Obama (a diciembre de 2012)– destinaron a los distintos rubros del combate a las drogas. Walther, "Insanity", pp. 1-17.

[22] Plan concebido en 1999 durante el gobierno de Andrés Pastrana. Fundamentalmente ideado por Estados Unidos, se trató de una estrategia para combatir el flujo de cocaína a ese país, aunque se anunció como un plan integral para la pacificación y el desarrollo económico de Colombia, que venía de un largo período de guerra sin cuartel al cártel de Medellín liderado por Pablo Escobar Gaviria. Para una visión crítica del Plan Colombia, consúltese Chomsky, *Plan Colombia*, 2000. www.Chomsky.info/books/roguestates08.htm.

[23] Este panorama no sería del todo inédito en Estados Unidos, donde por mucho tiempo las drogas fueron legales. En los inicios del siglo pasado (1914), ante el incremento en el consumo de ciertas drogas, se propuso la regulación y prohibición de éstas en la llamada "Acta de Harrison". Walther, "Insanity", p. 1.

[24] Aunque en varios estados de la Unión Americana se ha despenalizado el uso de la mariguana, persiste la prohibición del uso de drogas con fines recreativos en la mayor parte del territorio. Washington y Colorado se han puesto a la cabeza en permitirlo, además de aceptar emplearlas con fines terapéuticos.

De acuerdo con un documento dirigido al público en general, la administración Obama presume de "Esfuerzos sin precedentes para reducir la demanda de droga en Estados Unidos", para lo cual ha asignado en el último año fiscal (FY11) más de 10 mil millones de dólares para "apoyar programas de reducción de demanda, en comparación con los 2 mil 400 millones dedicados a programas internacionales para el control de narcóticos [...] Asimismo [...] es la primera [administración] en la historia en establecer una oficina sobre rehabilitación como parte de la Oficina de la Casa Blanca para la Política Nacional Antidrogas", cuya finalidad es "promover políticas y programas que ayuden a apoyar a los millones de estadounidenses en rehabilitación". También se pronuncia en contra de la legalización de las drogas por considerar que no garantiza el fin del crimen organizado, mientras que el aumento en la disponibilidad de las sustancias prohibidas "conduce a mayores costos de salud y seguridad".[25]

Pero, una vez más, los resultados de tal esfuerzo no llegan a ser lo suficientemente palpables para la población estadounidense; menos aún en lo que atañe al flujo de armas y droga que se da en nuestra frontera norte, con su cauda de violencia. El fracaso en los intentos por reducir el consumo, tráfico y venta de sustancias prohibidas por parte de los distintos gobiernos en Estados Unidos –al punto de que ya casi se considera una broma el término "guerra contra las drogas"– es el argumento central de los críticos que, después de estudiar el fenómeno por décadas, han llegado a la conclusión de que el combate tal y como se ha llevado a cabo en los últimos cuarenta años:

1. Es costoso e inefectivo; millones de millones de dólares se han invertido anualmente y el flujo de drogas ilegales no parece tener fin;

2. Criminaliza conductas no violentas aunque relacionadas con drogas ilícitas; las drogas legales (el alcohol y el tabaco) matan a más personas que las drogas ilegales;[26]

---

[25] *Fact Sheet. Office of National Drug Control Policy. Executive Office of the President*, 2012. www.whitehouse.gov/ondcp. Fecha de consulta: 29/7/2013 (trad. propia).

[26] "Como consecuencia de la llamada 'guerra contra las drogas', el número de reos por transgresiones no violentas de normas antinarcóticos en

3. Es injusto con los países productores y traficantes como México, pues sufren más violencia y daños que los que producen las drogas en Estados Unidos;
4. Es racista: latinos, afroamericanos y otras minorías raciales son estigmatizados como consumidores y traficantes a los que se les aplican con mayor rigor las leyes y castigos;[27]
5. Criminaliza y militariza la solución a un problema que es originalmente de salud pública;
6. Es contraproducente; su prohibición genera un mercado sumamente redituable de sustancias ilegales;
7. Está mal dirigido; los abultados presupuestos deberían ir dirigidos al tratamiento de adicciones, cuyos resultados son más exitosos.[28]

Como sugerimos anteriormente, el modelo de combate cuyo centro es frenar el suministro de drogas no tiene posibilidades de éxito porque va en contra del propio modelo económico norteamericano en el que México es una pieza fundamental, en mayor medida desde que se aprobó el tratado de Libre Comercio de Norteamérica (NAF-TA, por sus siglas en inglés) en la administración de Carlos Salinas de Gortari:

La fuerza del NAFTA, del mercado libre global, y el incremento en el movimiento trasnacional de personas y productos complican enormemente el trabajo de los agentes antinarcóticos que, por

las prisiones federales y estatales se ha incrementado mil cien por ciento desde 1980." David Brooks, "Llenar cárceles con migrantes y negros, gran negocio privado", *La Jornada*, 26 de julio de 2013.

[27] "La disparidad racial en la aplicación de las leyes antinarcóticos en el país ha sido ampliamente documentada: los afroestadounidenses representan entre 14 y 15 por ciento de los usuarios de droga ilícita, pero significan 37 por ciento de los arrestados por delitos relacionados con narcóticos [...] El resultado de esto, afirma Alec Karatkatsanis (abogado de derechos civiles), es que a 20 años o más del inicio de la 'guerra contra las drogas', Estados Unidos encarcela negros a una tasa seis veces más alta que la Sudáfrica del *apartheid*". David Brooks, "Llenar cárceles con migrantes y negros, gran negocio privado", *La Jornada*, 26 de julio de 2013.

[28] Campbell, *Drug War Zone*, pp. 173-174.

sistema, deben separar de este vasto movimiento aquellas sustancias y personas consideradas ilegales e involucradas en actividades ilegales.[29]

En efecto, si a esto agregamos el flujo de migrantes ilegales de México a Estados Unidos, podemos entender la complejidad del fenómeno y la precariedad de los intentos por revertir un "orden" paralelo que se ha ido construyendo al margen del orden legal e institucional de ambos países.

La política que ha favorecido durante los últimos cuarenta años el combate al abasto de droga, esto es, a la producción, el trasiego y la venta, implementada desde Estados Unidos, no puede verse desligada de lo que acontece en nuestro país en la medida en que la mayoría de los narcóticos que ingresan a su territorio pasa por México: aproximadamente el 80%. Los cárteles más poderosos en la actualidad operan aquí, aun cuando sus tentáculos alcanzan buena parte de Centroamérica e incluso llegan al Viejo Continente. Las armas empleadas por los cárteles provienen en su mayoría de Estados Unidos, gracias a la facilidad con la cual pueden ser adquiridas. No es de extrañar que la parte más cruenta del combate al narco tenga lugar en nuestro territorio, con los conflictos que esto genera entre ambos países.

Así pues, la guerra contra las drogas iniciada en el gobierno de Nixon al día de hoy se extiende mucho más allá del Río Bravo y para llevarla a cabo se requiere la presencia de agentes de distintas corporaciones (DEA y FBI, principalmente). La historia de esta presencia es tan larga como la propia guerra; en ella hubo de todo: genuina colaboración, sospechas, desencuentros, traiciones y rivalidades; pero, fundamentalmente, una tensión constante porque lo que se pone en juego es la propia soberanía del país en el cual operan dichos agentes –en este caso, México–, máxime cuando el centro en torno al cual gravita el vínculo binacional es el combate al narco, como sucedió durante el gobierno de Calderón.

Actualmente, los agentes de la DEA en México forman parte del personal diplomático estadounidense y el embajador en turno responde por ellos. Sin embargo, a quien verdaderamente reportan

---

[29] Ibid., p. 174 (trad. propia).

el resultado de sus operaciones es a la oficina de la DEA en Washington. A raíz del conflicto generado por el *affaire* Camarena y el secuestro por agentes de la DEA del doctor Humberto Álvarez Machain, supuestamente implicado en la tortura del agente y del piloto Zavala, Salinas de Gortari (julio de 1992) expidió un decreto para "regular la presencia temporal de los representantes de agencias extranjeras en México". En él se asienta que "sólo operan como enlaces con el gobierno mexicano con el propósito de compartir información; su estancia debe ser temporal, y están obligados 'a la estricta observancia de las leyes mexicanas'".[30] En ese sentido, los agentes no pueden portar armas, ni aprehender a delincuentes o confiscar droga; deben limitarse al puro trabajo de inteligencia para transmitirlo a las autoridades mexicanas. Es éste un asunto de soberanía pues, en cualquier país, la labor policíaca es privativa de los nacionales. No obstante, lo que la letra y la teoría establecen no se cumple en la práctica. Por relatos de los propios agentes ya retirados de la DEA, puede constatarse que éstos desarrollan sus actividades armados e incluso han participado en los operativos para aprehender a importantes capos.[31]

Quienes han estudiado el tema coinciden en que la DEA tuvo una presencia discreta en la década de 1960, y fue en los años siguientes "cuando los agentes antinarcóticos de Estados Unidos empezaron a jugar un papel importante en el diseño e implementación de los programas mexicanos contra las drogas".[32] En ese contexto ambos países intentaron estrechar sus lazos de cooperación para combatir al narco mediante tres proyectos: "la erradicación de sembradíos (tanto de mariguana, como de amapola), el aseguramiento de la droga en tránsito y la dislocación de los cárteles. Un cuarto programa de lavado de dinero se inició en 1990".[33]

---

[30] Toro, "The Internationalization of Police: The DEA in Mexico", p. 636. http:/www.jstor.org/stable/2567049. Fecha de consulta: 26/7/2013 (trad. propia).

[31] Véase Esquivel, *La DEA en México,* 2013.

[32] Toro, "The Internationalization of Police: The DEA in Mexico", p. 627. http:/www.jstor.org/stable/2567049. Fecha de consulta: 26/7/2013 (trad. propia).

[33] Ibid., p. 628.

Producto de esa colaboración fue la Operación Cóndor (1975) siendo presidentes Luis Echeverría y Richard Nixon[34] y bajo las órdenes del general José Hernández Toledo (tristemente célebre por su participación en la masacre de Tlatelolco). Diez mil soldados fueron desplazados a Sinaloa, Chihuahua y Durango con el objetivo de destruir las plantaciones de enervantes. En un alarde de optimismo, el general Toledo pronosticó "el fin del narcotráfico en seis meses".[35] No sólo no se cumplió el pronóstico del general, sino que la operación produjo el desplazamiento de los campesinos cuyas tierras fueron perjudicadas por los exfoliantes, pero lo mismo hicieron los narcotraficantes, asentándose muy pronto en otras regiones: "Muchas comunidades quedaron desiertas. Cientos de personas fueron arrestadas, torturadas y enviadas a prisión, pero ninguno de los grandes capos"; los líderes más importantes se refugiaron en Guadalajara, "donde continuaron y expandieron su negocio gracias a la cocaína que ya venían contrabandeando a gran escala".[36] No obstante el fracaso que a la larga se hizo patente, la colaboración entre los dos países durante la Operación Cóndor nunca volvió a ser tan estrecha y genuina. De hecho, paradójicamente fue el preludio de la descomposición de las que habían sido relaciones de trabajo en buenos términos. Todo cambió con el caso Camarena.

El asesinato en 1985 del agente de la DEA Enrique *Kiki* Camarena y el piloto Alfredo Zavala causó una grave crisis entre los gobiernos de Estados Unidos y México, entre otras razones, porque contribuyó a que se develara el papel que desempeñaban los agentes de esa corporación en nuestro país, así como la corrupción de las autoridades mexicanas. Unos meses antes, Camarena y Zavala habían descubierto el más grande sembradío de mariguana de que se tenía registro en la historia del combate a las drogas: el rancho El Búfalo cubría un área de aproximadamente 12 kilómetros cuadrados de superficie sembrada de mariguana, en la cual trabajaban unos 12 mil jorna-

---

[34] "...el gobierno de Nixon presionó al de México para incrementar la colaboración en el combate al narcotráfico, pero condicionándola a la tutela de la DEA". Esquivel, *La DEA en México*, p. 21.

[35] Astorga, "Drug Trafficking in Mexico", p. 7. www.unesco.org/most/astorga.htm. Fecha de consulta: 29/7/2013 (trad. propia).

[36] Ibid.

leros mexicanos y centroamericanos. Rafael Caro Quintero era el dueño y pertenecía a la estirpe de varias familias de capos muy conocidos en el norte y oriente del país (Miguel Ángel Félix Gallardo y Ernesto Fonseca *Don Neto*). Tal descubrimiento hizo posible que se recaudaran miles de toneladas de mariguana y se aprehendiera más tarde al importante capo oriundo de Badiraguato. Hasta aquí todo iba bien. De hecho, el Departamento de Estado se había mostrado complacido por el empeño de Miguel de la Madrid en llevar a buen puerto "los esfuerzos conjuntos de México y Estados Unidos por erradicar el cultivo de bulbos de amapola y de plantas de mariguana". Sin embargo, no mucho después, el propio Departamento de Estado reconocía a través de un reporte del general Paul F. Gorman, que "hay fuertes señales de que el programa llevado a cabo en México no ha sido tan efectivo en los últimos dos años y la corrupción está tomando un rol cada vez mayor en este declive".[37]

Si bien es cierto que Camarena estuvo consciente de la importancia del golpe que había sufrido el narcotráfico gracias a su trabajo de investigación, probablemente no le dio la dimensión adecuada al enemigo con el cual se había enfrentado, ni al nivel de corrupción que ya permeaba el ejército y las policías. Después de varias semanas de haber sido secuestrado junto con Zavala, los cuerpos de ambos fueron encontrados en un rancho de Michoacán con evidentes señales de tortura. Cuauhtémoc Cárdenas, gobernador en turno, en medio de la cascada de declaraciones provenientes de voceros de los dos gobiernos, señaló en calidad de protesta la ilegalidad de las actividades que realizaban los agentes estadounidenses en el país; por otra parte, la propia DEA no estaba dispuesta a que este hecho pasara sin hacer pagar a los culpables: "La luna de miel que había existido durante la 'Operación Cóndor' se convirtió en una pesadilla para el gobierno mexicano cuando el agente de la DEA fue asesinado".[38]

El caso Camarena, además de ser trágico, destapó la irregularidad –por decir lo menos– en la cual operaban (y siguen operando) los agentes estadounidenses, sean de la DEA o la CIA, en nuestro país. Pero también, por primera vez en la historia de la lucha contra el

---

[37] Gorman, "Illegal Drugs and US Security", p. 22 (trad. propia).
[38] Astorga, "Drug trafficking in Mexico", p. 7 (trad. propia).

narcotráfico, surgieron los nombres de importantes políticos implicados en ese negocio, y se detuvó a elementos de la desaparecida DFS y de la PJF que habían ayudado a huir a Caro Quintero, finalmente capturado en Costa Rica.

Sentenciado a 40 años de prisión por su supuesta responsabilidad en las muertes de Camarena y Zavala, después de pasar casi 30 en distintas prisiones de mediana y alta seguridad, Caro Quintero fue liberado el 9 de agosto de 2013, "por orden de la justicia federal" (la misma que indebidamente lo había condenado, según argumentó su defensa). La razón: "Camarena no estaba acreditado diplomáticamente como agente de la DEA [...] Su muerte, por tanto, no debió ser juzgada por la justicia federal, sino por un juez del fuero local, en particular en Jalisco, donde ocurrió el secuestro y asesinato del agente estadunidense el 7 de febrero de 1985..."[39] No obstante, la PGR sostiene que el procedimiento no estuvo apegado a derecho y, por tanto, puede revertirse la sentencia. Ahora el Departamento de Estado ofrece una recompensa de 5 millones de dólares por su captura.

La muerte de Camarena provocó turbulencias políticas en ambos países. Tanto en la CIA y la DEA como en el propio gobierno estadunidense se dieron fuertes reacciones por la liberación del que fuera el capo más importante del narcotráfico en los años 1980 y supuesto autor material del crimen. A esto se agrega un elemento más: de varias fuentes ha surgido una hipótesis que desafía la versión oficial; conforme a ésta, agentes de la CIA vinculados con los propios cárteles de la droga para obtener cuantiosas ganancias transferidas a las campañas de contrainsurgencia estuvieron involucrados en el crimen. La revelación proviene de los ex agentes de la DEA Phil Jordan y Héctor Berrellez –este último fue responsable de la Operación Leyenda, creada justamente para investigar aquellos sucesos–, que ahora se dicen perseguidos por las importantes revelaciones que han hecho tanto a la televisión[40] como a revistas y diarios importantes de ambos países.

---

[39] "Una cadena de fallas liberó a Caro Quintero", *Proceso*, 11 de agosto de 2013.
[40] Las primeras revelaciones se hicieron en un programa de la cadena Fox (10 de octubre de 2013).

Conforme a su versión, la conexión CIA-DFS-Cártel de Guadalajara iba más allá de la relación bilateral entre los dos países en su lucha contra el narcotráfico; la situación estaba en peligro de ser revelada en toda su magnitud por algún agente fuera de la "operación"; éste resultó ser Camarena quien "se topó con la confabulación de los servicios de seguridad e inteligencia de México y Estados Unidos para favorecer a la contrainsurgencia nicaragüense en una operación internacional de compra de armas y tráfico de drogas que involucró también a Irán e Israel". Tanto Jordan como Berrellez dicen tener pruebas suficientes para demostrar el involucramiento de la CIA con el cártel de Caro Quintero, a quien supuestamente protegían. Del lado mexicano, se han sumado otras revelaciones de funcionarios de la época como Jorge Carrillo Olea, subsecretario de Gobernación en la administración de Miguel de la Madrid, en el sentido de que el propio titular de la dependencia (Manuel Barlett) estaba al tanto de las conexiones entre la CIA y la DFS, y de cómo operaban en relación con los cárteles.[41] Las numerosas piezas de este *thriller* político apenas comienzan a salir a la luz y probablemente nunca se pueda completar el cuadro; sin embargo, lo hasta ahora revelado es suficiente para desechar por ingenua la idea de que en esa lucha contra el narcotráfico hay bandos bien definidos, de una parte "buenos" y de la otra "criminales".

La presencia de la DEA y de la CIA en México como parte fundamental de la guerra contra las drogas no disminuyó a raíz de los acontecimientos de 1985. Los subsiguientes gobiernos han mantenido la misma postura ambivalente: se escudan en la soberanía para poner un freno a la política intervencionista de Estados Unidos, al mismo tiempo que permiten la presencia y facilitan la operación de los agentes; más aún, se presume que ésta ha ido en aumento en los últimos seis años. Y decimos "se presume" porque en éste, como en otros tantos rubros, existe enorme opacidad sólo traspasada por algún evento que rebasa el curso "normal" de la violencia. Fue el caso del asesinato (marzo de 2010) de la empleada del consulado de Estados Unidos en Juárez Leslie Enríquez Catton, su marido Arthur

[41] "La Federal de Seguridad y la CIA colaboraban con Caro Quintero", *Proceso*, 27 de octubre de 2013.

Haycock, un funcionario del sistema penitenciario en Texas y Jorge Salcido a manos de Los Aztecas, banda delincuencial que se origina y opera en los reclusorios desde los años 1980. O bien, el reciente caso de la persecución en Tres Marías.[42] La última y más visible etapa de la guerra contra las drogas en la cual se ha visto involucrado México es la correspondiente a la llamada Iniciativa Mérida. Aunque se le ha querido presentar como un nuevo paradigma en el combate binacional al narcotráfico, se trata de una versión adaptada del Plan Colombia, salvo que el gobierno mexicano no ha aceptado las "operaciones conjuntas". Signado por Calderón y Bush en 2008, con vigencia al día de hoy, participan las oficinas más importantes encargadas de la seguridad de ambos gobiernos y

se propone explícitamente evitar el tráfico de drogas provenientes de México hacia Estados Unidos y de armas, de Estados Unidos a México, así como la circulación de personas involucradas en estas actividades y de recursos financieros ligados a ellas. La propuesta abarca la entrega de equipos de inspección, escáneres de ion, unidades caninas de intercepción de aduanas, tecnologías de comunicación, asesoría técnica y entrenamiento para las instituciones de justicia, programas de protección de testigos, helicópteros y aviones de vigilancia para garantizar una reacción rápida.[43]

La estrategia forma parte de un proyecto más amplio que incluye al Caribe y Centroamérica (National Southwest Border Counternarcotics Strategy). Sin embargo, la obsesión del gobierno de Estados

---

[42] En un suceso aún no aclarado suficientemente, el 24 de agosto de 2012 agentes de la CIA (también se informó que eran de la DEA) acompañados de un elemento de la Secretaría de Marina fueron agredidos con armas de alto poder mientras se dirigían a un campo de entrenamiento de tiro cerca de Tres Marías, Morelos. Las hipótesis sobre los posibles perpetradores del ataque van desde culpar a agentes de la Policía Federal, como al cártel de los Beltrán Leyva (o a ambos coludidos) y también a Los Zetas.
[43] Benítez Manaut, "La iniciativa Mérida", p. 228, www.sre.go.mx/revista digital/images/stories/numeros/n87/benitez.pdf. Fecha de consulta: 29/ 7/2013.

Unidos por la seguridad interna, producto del trauma del 11/9, para la cual la frontera del Río Bravo constituye una variable fundamental por el temor (¿infundado?) al ingreso de células terroristas, le ha llevado a desatender el plan en su alcance original. Ante la ineficacia del gobierno mexicano y la obsecuencia de la ex canciller Patricia Espinoza, la estrategia en contra del narcotráfico se decidió en Washington; se negó que existiera "un documento" (tan sólo un "compromiso") por lo que la aceptación del plan se realizó en el Senado del país vecino: "Lo crucial de la discusión, su eventual instrumentación y los montos y modalidades del apoyo económico suceden en USA; allá se decidirá si ocurre o no, también si se modifica y en qué sentido".[44] Además, es importante anotar que, si bien se aceptó la corresponsabilidad, el plan no comprometió la política interna de Estados Unidos: venta de armas al por mayor y lavado de dinero fueron temas que no entraron en la agenda del gobierno aunque sean lugar común en la retórica. En contraste, se propuso blindar la frontera norte: un muro impenetrable y una *border patrol* reforzada.[45]

En opinión de los estudiosos, "el plan fue promovido por el presidente Calderón como el pilar de política exterior de su lucha contra las drogas", con el fin de "darle al presidente de México la legitimidad de la que carecía después de las polémicas elecciones de 2006".[46] El inicial golpe mediático causado por la imagen del presidente ataviado de militar y por las primeras operaciones del ejército en Michoacán no bastó para convencer a la población de que era sencillo reducir a los delincuentes. En breve fue evidente que se estaba sometiendo al ejército a una labor para la cual no estaba entrenado, y que difícilmente saldría victorioso de esa guerra. El apoyo ofrecido por Estados Unidos a través de la Iniciativa Mérida (originalmente "Plan México") apareció como el salvavidas que evitaría el hundimiento de la estrategia presidencial. Y a pesar de que el ejér-

[44] Arias, *Felipe Calderón*, p. 57.
[45] Wolf, "La guerra de México contra el narcotráfico y la iniciativa Mérida: piedras angulares en la búsqueda de legitimidad", p. 707, codex.colmex. mx:899/exlibirs/aleph//a18_1/apache_media/87MDQSQ9DE3KBTSLJ2 QADFX29EN4V.pdf. Fecha de consulta 30/7/2013 (trad. Gonzalo Celorio).
[46] Ibid., p. 706.

cito se benefició de ésta, en lo que se refiere estrictamente al presupuesto otorgado[47] el costo ha sido muy alto. Como señalamos, se le expuso a la corrupción endémica que rodea al crimen organizado y a la comisión de delitos relacionados con los derechos humanos y las garantías individuales.

La llegada de Obama al gobierno no cambió sustancialmente la compleja y asimétrica relación entre los dos países, al menos en lo que se refiere al narcotráfico y su combate. Sin embargo, es posible adelantar que el ejército mexicano no recibirá lo mismo que en el calderonato, por lo menos mientras no se defina la estrategia de Peña Nieto en la lucha contra el crimen organizado. Sabedor de su poca experiencia en asuntos de política exterior, Obama dejó libre a su secretaria de Estado, Hillary Clinton, en el manejo de la relación bilateral México-Estados Unidos. En otros tiempos, es decir, con un (o una) canciller de otra talla (desde luego, mayor), tal vez la ex primera dama de Estados Unidos hubiera sido más prudente al expresar, en septiembre de 2010, su impresión sobre la naturaleza de la violencia en nuestro país: "... *in some cases, (is) morphing into or making common cause with what we would consider an insurgency* [...] *It is looking more and more like Colombia did 20 years ago*".[48] En boca de alguien probadamente perspicaz, el dicho de la señora Clinton no podía tomarse simplemente como un dislate, sino como la nueva perspectiva adoptada por el gobierno de Estados Unidos y la encargada de su diplomacia.

La concepción de la violencia producto del narcotráfico en México como una clase especial de insurgencia ha sido motivo de una

---

[47] "Desde 1966, la asistencia para la guerra contra las drogas en cooperación con las diferentes agencias de seguridad, justicia y las fuerzas armadas mexicanas fue de 440.62 mdd, y entre 1996 y el 2007 se entrenó a 5,140 personas. En ese último año, México recibió 59 mdd en ayuda militar. Con la Iniciativa Mérida, con el paquete de 500 mdd, en un año (2008) se ha recibido más asistencia que el total aceptado durante los últimos 12 años." Benítez Manaut, "La iniciativa Mérida", p. 230.

[48] "En algunos casos, está transformándose en o haciendo causa común con lo que podemos considerar una insurgencia. Se está pareciendo cada vez más a la Colombia de hace 20 años." Martínez, "Transnational Criminal Organizations", p. 58 (trad. propia).

interesante discusión. Entre las aportaciones que provienen de los círculos académico-militares[49] no existe unanimidad en considerar que los grupos dedicados al crimen organizado puedan satisfacer las características de una insurgencia (el modelo sería la guerrilla de las FARC), un tipo de guerra interna de acuerdo con nuestro propio análisis. No obstante, algunos consideran que ambas categorías tampoco están tan alejadas entre sí. "El término 'insurgencia' se define como un movimiento organizado encaminado a derrocar un gobierno constituido, a través de la subversión y del conflicto armado."[50] Con lo cual aparecería una primera diferencia importante, a saber, la "narco-insurgencia" (adoptemos, en principio, el término) no tiene como objetivo derrocar al régimen; de hecho, puede tener en vilo al Estado por el nivel de violencia que llega a alcanzar, pero no le conviene que éste se colapse porque su actividad comercial depende de que funcionen las estructuras básicas. Siendo su razón de ser la utilidad monetaria, la ganancia estratosférica tiene que ser lavada e invertida, en suma, debe circular para que el negocio funcione. Una propuesta que va en este sentido es el término de "insurgencia comercial".[51]

Otro punto problemático es el referido al contenido ideológico o credo político, sin duda propio de una insurgencia y considerado, hasta hace poco, ausente en la narco-insurgencia. Sin embargo, esto ha cambiado en los últimos tiempos con la aparición de grupos o asociaciones delictivas que no se ajustan a los cánones de los cárteles de mayor presencia en el territorio mexicano, *vr. gr.*, el Cártel del Golfo y los Zetas. Un ejemplo paradigmático de esto es lo que ocurre en la tierra caliente de Michoacán, en donde La Familia Michoacana y Los Caballeros Templarios son más que bandas criminales. Provistos de un discurso religioso y populista, constituyen puntos de referencia para pueblos enteros, "motivo de temor pero también de simpatía y apoyo" porque ante la debilidad e inoperancia del Estado, brindan protección, venden derecho de piso y extorsionan; organizan eventos políticos, eligen alcaldes o bien los destituyen, cuando

---

[49] A este respecto, consúltese la página: http://StrategicStudiesInstitute. army.mil/. Fecha de consulta: 15/9/2013.

[50] Martínez, "Transnational Criminal Organizations", p. 59 (trad. propia).

[51] Cfr. Martínez, "Transnational Criminal Organizations", 2012.

no los asesinan. "La débil cultura de legalidad que se observa en todo el país, alcanza en algunas de las zonas de Michoacán el rango de instituciones alternativas."[52]

El fenómeno michoacano y su desbordada violencia es también *sui géneris* en relación con el punto mencionado líneas arriba: si bien es cierto que los Templarios (ahora dominantes sobre la casi extinta Familia Michoacana) no buscan derrocar al gobierno y tomar las riendas del Estado, sí aprovechan su escasa presencia y poca o nula efectividad en las zonas en que operan. En efecto, el hecho de que el Estado mexicano haya perdido, sobre todo durante el período de Calderón, el control de la situación referida a la seguridad y al funcionamiento de las instituciones en una parte considerable del territorio es lo que les podría dar la razón a algunos analistas y militares estadounidenses al calificar de "narco-insurgencia" a la violencia desplegada por los grupos delincuenciales bien conocidos y registrados por sus agencias de seguridad.

En sentido contrario, el analista militar Paul Rexton Kan considera errado llamar "insurgencia" a la violencia de los cárteles mexicanos. Si se aplica sin más la definición del manual militar de insurgencia de los Estados Unidos ("movimiento organizado que utiliza la violencia para conseguir sus propósitos"), puede encontrarse similitud entre los cárteles de la droga en México y movimientos de insurgencia, por el carácter de sus métodos –actos violentos con el fin de impactar en la opinión pública y amedrentar a las autoridades encargadas de perseguirlos; incluso actos terroristas, como fue el caso de Pablo Escobar en Colombia o bien el bombazo en Morelia un 16 de septiembre–; por tanto, parece posible concluir que los métodos y estrategias para combatirlos valen para ambos. Sin embargo, una equivocación de esa naturaleza significa la diferencia entre lograr avanzar exitosamente en el combate al narcotráfico o bien quedarse estancado y propiciar aún más violencia.

Una razón que Rexton Kan considera de peso para no adherirse a "los proponentes de la escuela de narco-insurgencia" es que la violencia delincuencial es generada, en gran medida, por las pugnas entre los grupos de traficantes que compiten por plazas, rutas

[52] Rivera Velázquez, "El abismo michoacano", p. 46.

y mercado, si bien no descarta que ocasionalmente los objetivos de la violencia puedan ser agentes estatales. Esta delincuencia de "alta densidad" es distinta de la violencia de "baja densidad" propia de la guerrilla o la insurgencia. Desde su perspectiva, "México no está bajo una amenaza insurgente ni terrorista. La finalidad de la violencia perpetrada por los cárteles en México es muy distinta. Un pandillero no es otro terrorista o insurgente".[53] A la insurgencia se le hace la guerra, pero también está previsto negociar con los cabecillas para llegar a una paz pactada que satisfaga a ambas partes en pugna, "sus metas son negociables porque, nuevamente, esas metas, por lo regular, son de naturaleza política", pero no parece razonable un proceso semejante con los grupos delincuenciales: su propia naturaleza "niega toda posibilidad de que el gobierno y los cárteles puedan encontrar intereses comunes necesarios para iniciar un 'proceso de paz'. ¿Otorgaría el gobierno de México perdón y amnistía a los cabecillas de los cárteles y pandilleros si aceptan un cese de operaciones?".[54] Sus discrepancias llevan a advertir el peligro de usar clasificaciones no rigurosas que conduzcan a desarrollar estrategias equivocadas para el combate al crimen organizado.

Ahora bien, la reclasificación del crimen organizado como narco-insurgencia no estuvo alejada de la propia concepción del presidente Calderón. Uno de sus dolores de cabeza durante el sexenio fueron, sin duda, los ataques "terroristas" llevados a cabo por el EPR en los ductos de PEMEX (2007), lo que probablemente contribuyó a que aceptara con obsecuencia el plan de seguridad transterritorial de Estados Unidos. Bajo su propia perspectiva, los guerrilleros y los terroristas (que a su vez pueden ser los mismos criminales objeto de su guerra) no son fácilmente distinguibles, así no se tenga suficiente evidencia de sus vínculos.

Y es que a partir de la experiencia colombiana, no ha sido extraño que las diferencias entre los brotes insurgentes y el crimen organizado se hayan vuelto cada vez más difusas para quienes han estado involucrados en el combate a las drogas y reciben los beneficios de

---

[53] Rexton Kan, "En qué nos estamos equivocando con respecto a México", p. 32.

[54] Ibid., p. 31.

los distintos planes e iniciativas. En efecto, existe una innegable utilidad en el hecho de "etiquetar (a los insurgentes) como 'terroristas', haciendo eco del modo como fue explotada la amenaza comunista durante la Guerra Fría". Con fines analíticos, sin embargo, esa asimilación no puede hacerse sin las debidas aclaraciones y matices. Uno muy importante es no soslayar las diferencias entre los grupos delincuenciales que constituyen Estados "paralelos" (Familia Michoacana y Templarios) y los cárteles que operan al estilo de las grandes empresas comerciales (Cártel del Pacífico), y entre éstos y las agrupaciones de origen paramilitar (los Zetas), pues "un término que se utiliza para describir fenómenos diferentes termina siendo tan elástico que deja de ser útil".[55] Para el propio Rexton Kan, "se necesita un concepto alternativo para describir y evaluar con mayor precisión la actual violencia en México, su dinámica y su posible fin".[56]

Estamos lejos de poder apreciar todos los efectos de la "guerra contra las drogas" emprendida por el ex presidente Calderón apoyado por los Estados Unidos, pero algunos son bastante evidentes. Destaca el hecho de que no hubiera retroceso en cuanto a la violencia y la expansión del crimen organizado. En todo caso, los focos han ido cambiando: Ciudad Juárez ya no está en los primeros lugares del "ejecutómetro", pero otras ciudades y regiones han tomado su lugar; últimamente Michoacán y Guerrero parecen estar en el centro de la vorágine. La estrategia de Peña Nieto, aún no hecha pública, parece inclinarse por combatir la violencia sin tocar mayormente la estructura de los cárteles, aunque ya se realizaron dos importantes capturas por parte de la Marina: la de Miguel Ángel Treviño, el *Z-40*, en Nuevo Laredo el 15 de julio de 2013, y la reaprehensión del *Chapo* Guzmán Loera, en el condominio Miramar, de Mazatlán, el 22 de febrero de 2014. En ambos casos se reconoció la colaboración estadounidense, sin especificar más detalles.[57]

[55] Williams y Felbab-Brown, "Drug Trafficking", pp. 30, 32, http://www.StrategicStudiesInstitute.army.mil/. Fecha de consulta: 26/7/2013 (trad. propia).

[56] Rexton Kan, "En qué nos estamos equivocando con respecto a México", p. 33.

[57] "El operativo de captura casi pasó desapercibido entre los vecinos", *La Jornada*, 23 de febrero de 2014.

Esa indefinición impacta también al ejército en la tarea que venía desempeñando en el sexenio anterior. La promesa de campaña de crear un "gendarmería" aún no se ha concretado, en gran medida por diferencias "al interior del gabinete de seguridad". El ejército –que "apoyaría con el mayor número de elementos y entrenamiento"– considera justo quedarse con el control de la nueva corporación, y tampoco querrá renunciar al presupuesto y las canonjías del pasado reciente. En cambio, se espera que el próximo 16 de septiembre "desfile una nueva división de la Policía Federal, cuya integración definitiva está anunciada para julio de 2014 y dispondrá de cinco mil efectivos".[58] Está por verse, sin embargo, si Washington está dispuesto a seguir financiando una guerra que no da visos de irse ganando.[59] Y aquí, ambos gobiernos son culpables de la misma insensatez: persistir en una estrategia que por cuatro décadas ha probado no ser eficaz y que cada vez es más costosa... sobre todo para México.

---

[58] "Con Fuerzas Armadas 'conciliadas', Peña cambia tono del desfile", *Proceso*, 16 de septiembre de 2013.

[59] "El senador Patrick Leahy, presidente del subcomité encargado de la asistencia al exterior e influyente figura demócrata, logró que se congelaran 95 millones de dólares destinados a la Iniciativa Mérida y advirtió que podría detener cientos de millones más, presupuestados para el año entrante, porque los gobiernos de Obama y Enrique Peña Nieto no han presentado detalles suficientes sobre uso y propósitos específicos para estos fondos." En sus propias palabras, el tema "se ve como nada más soltar dinero sin ningún rendimiento de cuentas". David Brooks, "El senador Leahy congela 95 mdd de la Iniciativa Mérida", *La Jornada*, 2 de agosto de 2013.

3. La elección de los medios

Algunos sostienen que el giro militarista de Felipe Calderón fue motivado principalmente por el deseo de ganar legitimidad política después de una elección tan cerrada como cuestionada por la oposición de izquierda, de responder con firmeza a un imaginario incremento de la violencia, percepción compartida por muchos mexicanos que colocaban en el mismo saco la toma de la tribuna de la Cámara de Diputados por los representantes obradoristas, la "comuna de Oaxaca" gestionada por la APPO, los primeros decapitados por el narco en Uruapan y el crecimiento de los secuestros, tanto en la modalidad exprés como contra las clases adineradas. Calderón, más atento a las encuestas que a los datos duros de la realidad, respondió precipitada e irreflexivamente al reclamo del 36% de la población que consideraba en ese momento a la inseguridad y la violencia como los mayores problemas nacionales, por encima incluso de la situación económica que habitualmente toca las fibras más sensibles del votante medio. Ya en su discurso de Guadalajara, prácticamente en el cierre de campaña, se había pronunciado por "Un México libre, seguro, justo y democrático".[1]

Además de estas razones, consideramos que el recurso de la fuerza al que apeló el candidato panista después de convertirse en presidente electo tuvo que ver sobre todo con su concepción de la política, con la perspectiva conservadora que antepone el orden a las libertades, que pondera la coacción por encima del consenso.[2] Ante la disyuntiva de restablecer aquél al costo que fuera o reformar el Estado y recuperar la marcha de la transición –estancada desde que Fox decidió ir con el PRI para preservar la política económica, y no con el PRD, para desmontar el régimen autoritario–, Calderón optó

---

[1] Aguilar y Castañeda, *El narco*, pp. 34-35, 39; "Un corrido para el hijo desobediente", *El País*, en línea, 30 de junio de 2006. Se cita este último.
[2] Al respecto, coincidimos con Salazar Ugarte, *Crítica de la mano dura*, p. 47.

por lo primero. Pensó, sin duda, que con el PRI podría sacar adelante las reformas estructurales y que con el ejército en las calles satisfaría a un electorado de clase media sumamente inquieto con el desorden público.[3]

Al líder de los "pacíficos" la multitud siempre le intimidó, más si recordamos que a unos días de la elección presidencial su vehículo fue agredido por un pequeño grupo de simpatizantes de Andrés Manuel López Obrador inconformes con el resultado oficial de la reciente elección. Horas más tarde convocaría "a resolver nuestras diferencias por la vía de los votos y no por la vía de las armas; por la vía de la paz y no por la vía de la violencia".[4]

Por este motivo primero y poco después por su malhadada guerra, evitó el contacto directo con la población a la que sólo conoció mediante las encuestas de opinión (no sabemos qué tanto más precisas que las levantadas para la elección constitucional de 2012). Sus apariciones públicas parecían montadas como en un set de televisión. Rodeado por el Estado Mayor, y protegido hasta en su gestualidad por las obedientes cámaras de los medios electrónicos, era como se le veía seguro: endurecía el ceño, agitaba los brazos, increpaba a los opositores y recriminaba tanto a los otros poderes de la federación como a los demás órdenes de gobierno el bloqueo a sus políticas de seguridad, la corrupción de policías municipales y jueces. Salvo en los actos de su partido o en los círculos cerrados del empresariado y la política, no hay imágenes suyas en que se le vea estrechando la mano de la gente. Hasta en los promocionales aparece solo.

Después del desafuero del candidato presidencial de la izquierda, el año electoral coincidió con una agitación social creciente (Sicartsa, Atenco) y el cambio de mandato ocurrió en medio de la mayor insurrección urbana habida en el México contemporáneo: Oaxaca. Si a eso agregamos los más de 15 millones de votos de López Obrador (el más cuantioso caudal electoral que la izquierda había tenido en su historia) y la decisión de no reconocer a Calderón como

---

[3] Atinadamente algunos piensan que el miedo es el constituyente básico de la subjetividad actual. Žižek, *Sobre la violencia*, p. 56.

[4] "Insultos a Calderón; golpean su vehículo", *El Universal*, en línea, 19 de julio de 2006.

presidente, la posibilidad de que el descontento social convergiera con una expresión política de alcance nacional (que ganó en 16 entidades federativas) obnubiló al candidato de la derecha. Autoritario y poco reflexivo, sin interlocución con las clases populares, carente además de herramientas políticas para contener la inconformidad de los subalternos, Calderón invariablemente recurrió a la fuerza. Durante su administración fue consistente en romper la resistencia, en descabezar las organizaciones y liderazgos (el sindicato minero, los electricistas), en pavimentarle al capital el acceso a los grandes negocios abiertos con las privatizaciones. Fue incapaz siquiera de atisbar que, golpeando a los grupos organizados de la sociedad, multiplicaría la violencia. A falta de las destrezas elementales de un hombre de Estado, vestido de verde olivo se sintió cómodo.

Para atender la demanda de orden de las clases medias (las únicas que conocía), congraciarse torpemente con Estados Unidos (haciendo la guerra al narco del otro lado de la frontera) y ante la imposibilidad material de cumplir con la oferta de empleo insistentemente repetida durante su campaña,[5] además de contener los brotes de rebeldía popular, antes de iniciar su mandato Calderón adoptó un discurso del orden fustigando a los "violentos": primero contra los que venían del pasado (López Obrador, el PRI) y, más adelante, contra el crimen organizado. La fuerza de "los pacíficos" vendría al rescate de una nación doblemente amenazada. Como buen católico, concibió su gesta como una cruzada, la "guerra justa" en contra de los infieles, esto es, los violentos de hoy. Así, pasados seis años, después de salvar a la patria, el segundo presidente que nos regaló el panismo recuperó la paz interior ante la evidencia "de haber trabajado al máximo de mis capacidades y de mis limitaciones".[6]

---

[5] Su administración acumuló un déficit de 2.7 millones de puestos de trabajo según el Centro de Estudios de las Finanzas Públicas de la Cámara de Diputados. "Déficit de 2.7 millones de empleos con Calderón", *Milenio*, en línea, 16 de septiembre de 2012.

[6] "Hubo errores, pero me voy tranquilo: Calderón", *El Universal*, en línea, 23 de agosto de 2012.

El fantasma de la insurrección popular

El año 2006 se recuerda más por la elección presidencial que por otros acontecimientos ominosos que, mirados retrospectivamente, advirtieron de la violencia contra las clases subalternas. El "gobierno del cambio" estuvo a un paso de descarrilar la alternancia alentando el desafuero del jefe de Gobierno del Distrito Federal cuando las preferencias le eran bastante favorables dentro de la ciudadanía y el Partido Acción Nacional no perfilaba un prospecto medianamente competitivo. Quedó cargado de tensión el ambiente político, el proceso electoral fue sumamente ríspido y las campañas sucias debutaron en las elecciones mexicanas. Quienes las financiaron después acusarían a la izquierda de atizar el odio. Los dueños del dinero (y del país) hicieron cuanto estuvo a su alcance para bloquear el acceso a Los Pinos al candidato plebeyo. Y éste, seguro de su triunfo, renunció a ensanchar la alianza social que le permitiera superar al candidato de la derecha, bonificado en la recta final con el "voto útil" de los priistas. El pánico se apoderó de las clases medias, más cuando la torpe decisión de bloquear Reforma afectó la vida cotidiana de millones de capitalinos y vulneró sus derechos durante el mes y medio en que la céntrica avenida fue expropiada por el obradorismo de todo el país. La imagen apocalíptica de una *jacquerie* urbana torturó sus mentes, temiendo que los descamisados de Iztapalapa tomaran la revancha y acabaran con su felicidad.

En febrero, 75 trabajadores murieron por una explosión causada por la acumulación de gas grisú en la mina de carbón de Pasta de Conchos, Coahuila. El accidente destapó una historia de corrupción y negligencia criminal tanto de las autoridades del ramo como del gobierno estatal (encabezado por el ahora innombrable Humberto Moreira) y la Industria Minera México, subsidiaria del Grupo México de Germán Larrea Mota Velasco, el segundo empresario más rico del país y lugar número 39 en la lista de *Forbes*.[7] También exhibió en toda su crudeza las lastimosas condiciones en que laboran cientos de mineros mexicanos.

---

[7] "Tragedia en mina de Coahuila", *El Universal*, en línea, 20 de febrero de 2006; Rodríguez García, "Los negocios de la muerte", p. 104.

Fue notorio el desprecio del magnate minero hacia los obreros y el poco interés con que la Secretaría del Trabajo y Previsión Social (STPS) cumple con su responsabilidad legal, justamente la de velar porque el trabajo se realice en condiciones dignas. La mina carecía de los requisitos mínimos de seguridad para quienes diariamente bajaban a 170 metros de profundidad, lo que la convertía en una trampa mortal en caso de un siniestro. Hacía dos años, por ejemplo, "que no se regaba el polvo inerte que resta explosividad al polvo de carbón, tan potente como la pólvora". Y, la STPS, no obstante conocer las anomalías, asentadas incluso en reportes de los inspectores, permitió que siguiera funcionando.[8]

Salvo dos, nunca se recuperaron los restos de los mineros sepultados en la explosión. Sin embargo, después del accidente fatal, entre junio y septiembre de 2006, la administración foxista otorgó a Larrea nuevas concesiones carboneras por 50 años. En 2007 se descubrió que la estructura del tiro más cercana a la bocamina, donde estaban buena parte de los mineros, no se desplomó, por lo que posiblemente podrían haber salvado a los mineros si se hubiera organizado el rescate. Hacia septiembre del siguiente año, un grupo de siete personas, entre ellas tres viudas y el padre de un carbonero, ingresaron a la mina, probando que se podía ir en busca de los cuerpos pero, de todos modos, la autoridad se negó a ordenar el rescate, argumentando que era sumamente peligroso descender, por la alta concentración de gases.[9]

Todavía hoy continúan a la orden del día los accidentes mortales en las minas coahuilenses y la tolerancia oficial hacia las anomalías en el mundo del trabajo, mostrando una nula sensibilidad social y el poco valor que el Estado le concede a la vida de los subalternos. Esto, como veremos más adelante, también vale para las víctimas de la costosísima guerra que la administración panista declaró al crimen organizado.

En abril de 2006, la Policía Federal Preventiva (PFP) y la policía ministerial de Michoacán intentaron desalojar por la fuerza a los

[8] Rodríguez García, "Los negocios de la muerte", p. 94.
[9] Ibid., p. 101; ""El Estado fracasó", *Proceso*, 23 de septiembre de 2012; "Ingresan viudas a la mina Pasta de Conchos", *El Siglo de Torreón*, en línea, 29 de septiembre de 2008.

obreros de la Siderúrgica Lázaro Cárdenas Las Truchas (Sicartsa) que mantenían un paro de labores por la decisión gubernamental de imponer a un nuevo secretario general dentro del gremio minero. En el operativo murieron dos trabajadores metalmecánicos y 54 personas sufrieron heridas. Después de valorar las pruebas, la CNDH concluyó que los gobiernos federal y estatal –a cargo el último de Lázaro Cárdenas Batel, nieto del fundador del complejo– violaron las garantías constitucionales de los mineros. El informe de Amnistía Internacional (AI) del año 2007 destacó el hecho, así como la falta de voluntad del gobierno federal para reparar las violaciones de los derechos humanos en Michoacán y otras entidades del país. Y, como si no bastara, ahora crece la evidencia de que los Caballeros Templarios se apoderaron del puerto de Lázaro Cárdenas y controlan el lucrativo negocio del mercado negro de acero.[10]

En mayo de 2006, el presidente Fox escarmentó a los habitantes de San Salvador Atenco quienes fueron la mayor piedra en sus discretas botas de charol. Todo empezó cuando quiso construir un aeropuerto alterno al Benito Juárez en tierras ejidales de Texcoco, las cuales expropió intentando pagarlas a un precio irrisorio (4,550 hectáreas a siete pesos el metro cuadrado). Incluso desdeñó las opiniones técnicas que consideraban peligroso realizar una construcción de tal magnitud en el lecho del lago, una zona de alta sismicidad, además que pondría en riesgo las edificaciones aledañas y los sitios arqueológicos situados en el perímetro.[11]

Los ejidatarios impugnaron la expropiación de sus tierras en tribunales, llegando el caso a la SCJN en diciembre de 2001. Después de varios episodios violentos, uno de ellos en el poblado de la Navidad, cuando los ejidatarios "iniciaron la colocación de barricadas y ubicaron antorchas en los accesos principales de sus tierras para impedir la entrada de 'gente extraña', fuerzas policíacas o maquina-

---

[10] "La recomendación", *Cambio de Michoacán*, en línea, 19 de octubre de 2006; Luis Hernández Navarro, "Cananea, otra vez", *La Jornada*, 21 de abril de 2006; "Es decepcionante la actuación del gobierno en derechos humanos: AI", *La Jornada*, 24 de mayo de 2007; Beauregard, "Lázaro Cárdenas: puerto de aguas turbulentas", p. 40.

[11] "Riesgoso construir aeropuerto en Lago de Texcoco", *El Universal*, en línea, 13 de enero de 2001.

ria"; otro más consistente en la retención por parte de la comunidad de siete empleados municipales en julio del siguiente año, como respuesta a la represión de una manifestación por parte de las Fuerzas de Acción Inmediata (FARI) del Estado de México que costó la vida a un campesino. Declararon también a Atenco "municipio en rebeldía", haciendo temer a las autoridades alguna conexión con el neozapatismo, problema que no habían logrado resolver "en quince minutos". El 1 de agosto de 2002, Fox reconoció la derrota más grande de su administración al cancelar el proyecto y revertir la expropiación.[12]

Engallados, los atenquenses blandían sus machetes y marchaban con sus caballos en las manifestaciones públicas, recuperando el recuerdo de los ejércitos de Zapata y Villa en la ciudad de México. La televisión exhibía la conducta desafiante, los sombreros, la mugre, y también la inacción de una autoridad blandengue. Estas estampas del desorden popular, de la invasión de la ciudad por parte de los irreverentes "huarachudos", la peor pesadilla de la población citadina desde la Revolución, recibieron al 2006. Sin embargo, con el desafuero, el gobierno federal había mostrado un cambio de actitud hacia este y otros problemas sociales: pasó a la ofensiva.

La ocasión se presentó cuando los ejidatarios bloquearon una carretera en protesta por el desalojo de unos vendedores de flores y tuvieron una trifulca con elementos de la policía estatal. El 3 de mayo de 2006, en un operativo de casi siete horas en el que participaron fuerzas estatales y federales, la PFP tomó San Salvador Atenco literalmente a sangre y fuego, apresando a más de 200 personas. Dos jóvenes perdieron la vida. La táctica de la policía combinó el *performance* (una impresionante movilización policial cerró todos los accesos del poblado), la sorpresa (el ataque en la madrugada), la fuerza desmedida de siempre (allanamiento de los domicilios, amenazas, golpes, aprehensiones multitudinarias, tortura) y el botín de guerra (saqueos, violaciones). Concluido el asalto con la liberación de los 12 policías que la población mantenía retenidos, el gobernador mexiquense "advirtió que no entablará ningún tipo de 'negociación

---

[12] "Cancela el gobierno su proyecto de construir en Texcoco el nuevo aeropuerto metropolitano", *La Jornada*, 2 de agosto de 2002.

política' con el grupo que encabeza Ignacio del Valle, pues aseguró que su gobierno no puede sentarse a dialogar con quienes transgreden el orden y faltan a la ley". Ya candidato presidencial, Enrique Peña Nieto reiteró su dicho en el "viernes negro" en la Universidad Iberoamericana: "fue una acción determinada en el legítimo derecho que tiene el Estado mexicano de usar la fuerza pública para restablecer el orden y la paz".[13]

El juez primero Penal de Texcoco sentenció a 45 años de prisión a Del Valle, recluido en el Centro Federal de Readaptación Social del Altiplano (Almoloya), pena que, sumada a los 67 fijados por otro juez, daba un total de 112 años. A sus compañeros les obsequió 31 años tras las rejas. La magnitud del castigo previsto para el líder del Frente de los Pueblos en Defensa de la Tierra era comparable al de un criminal de guerra, nada más que el país, se suponía, estaba en paz. El caso llegó a la SCJN, la cual únicamente fincó responsabilidades a algunos de quienes intervinieron en el operativo, soslayando que un evento de tal magnitud requería una planificación cuidadosa y la autorización de altos funcionarios civiles pues, hasta donde sabemos, la policía no se manda sola (la misma decepción social provocaría un par de años más adelante la revisión del caso de la Guardería ABC). Lo positivo de la determinación del máximo tribunal fue que ordenó la liberación inmediata de los presos políticos de Atenco. Del contingente capturado en la acción policial, 12 permanecieron en prisión por más de cuatro años. Ante la CIDH, en Washington, el gobierno mexicano admitió en marzo de 2013 "que

[13] Carlos Montemayor, "Atenco y la guerra sucia", *La Jornada*, 13 de mayo de 2003; Adolfo Gilly, "Memorias de una infamia. Atenco no se olvida", *La Jornada*, 9 de junio de 2012; "PFP asegura que desarticuló el movimiento de Atenco", *El Universal*, en línea, 5 de mayo de 2006; "Acusan a Peña Nieto de amparar violaciones por Atenco", *El Economista*, en línea, 3 de mayo de 2012. Se citan los dos últimos. Días después, a nombre del Frente de los Pueblos en Defensa de la Tierra, doña Trini (Trinidad Ramírez) le espetó al candidato priista en el alcázar del Castillo de Chapultepec: "Tú has reiterado que eres responsable de lo sucedido en Atenco, donde fueron torturadas sexualmente 46 mujeres, entre ellas cuatro extranjeras. Entonces, Peña, eres responsable de dos asesinatos impunes, eres responsable de que una banda de violadores siga al amparo de la policía que tú creaste"; Adolfo Gilly, "Por qué Atenco no se olvida", *La Jornada*, 7 de junio de 2012.

se violaron sus derechos humanos", expresando la voluntad "para que se logre la reparación integral" y pidiendo "una disculpa pública por los excesos cometidos por las fuerzas del orden".[14]

También en mayo de 2006 inició el conflicto magisterial en Oaxaca, el cual se prolongó por seis meses. Tuvo la característica de una insurrección urbana poco vista en la historia mexicana que, dijimos, ha seguido más el patrón de la rebelión agraria. Aunque terminó, como es habitual, con una violenta represión, conviene detenerse en los pormenores de este evento, tanto por su singularidad social como porque la "toma de Oaxaca" ocurrió cuando había ya presidente electo, con el clima político enardecido y la polarización social a la alza. Esta circunstancia hace difícil pensar que el futuro mandatario fuera ajeno a la medida de fuerza y, probablemente, el hecho apuntaló su percepción de que crecía el "México del caos" lo que le insufló el ánimo belicista que súbitamente se apoderó de su espíritu.

La legitimidad nunca fue el fuerte de Ulises Ruiz Ortiz, quien alcanzó en diciembre de 2004 la gubernatura de Oaxaca mediante un proceso electoral desaseado, en donde abundaron las acusaciones de desvíos de fondos del erario a la campaña del candidato del PRI, la intimidación, la compra del voto y los asesinatos políticos, tanto de opositores como de figuras incómodas o eventuales competidores dentro del partido en el poder. Muchos estaban ciertos de que Ruiz Ortiz había llegado al poder mediante el fraude. Ya en el cargo, su gestión se caracterizó por la arbitrariedad, el nepotismo, la corrupción, el silenciamiento de la opinión pública y la violencia.[15] En suma, el equivalente oaxaqueño de Rubén Figueroa Alcocer en Guerrero: gobernadores de dos de los estados más pobres del país, con numerosa población indígena, presencia guerrillera y una larga historia de resistencia y autorganización de las clases populares. Uno y otro salidos de las filas del mismo partido. Los dos responsables

---

[14] "Condenan a Ignacio Valle Medina a cuarenta y cinco años de cárcel", *La Crónica*, en línea, 21 de agosto de 2008; Carlos Montemayor, "Atenco y la Suprema Corte", *La Jornada*, 19 de febrero de 2009; Adolfo Gilly, "Memorias de una infamia. Atenco no se olvida", *La Jornada*, 9 de junio de 2012; "El Estado mexicano se disculpa por caso Atenco", *El Universal*, en línea, 14 de marzo de 2013.

[15] Osorno, *Oaxaca sitiada*, p. 27; Sotelo Marbán, *Oaxaca*, pp. 30 y ss.

de crímenes masivos. Ambos un dolor de cabeza para el gobierno federal.

El plantón y las redes de variada índole han sido instrumentos de presión y de articulación del movimiento popular oaxaqueño. Todavía asombra la enorme velocidad con que se montó la Asamblea Popular de los Pueblos de Oaxaca (APPO), cuando más de 300 organizaciones civiles (sindicales, indígenas, estudiantiles) ya estaban en pie de lucha alrededor del magisterio rebelde en junio de 2006. La insurgencia dentro del gremio docente, con la que arrancó la década de 1980, obtuvo en Oaxaca una de sus primeras victorias al formarse el Comité Ejecutivo Seccional (CES) y realizarse un congreso de la Sección 22 del Sindicato Nacional de Trabajadores de la Educación (SNTE) con independencia del congreso nacional dominado por la Vanguardia Revolucionaria del Magisterio, de Carlos Jonguitud Barrios, líder vitalicio de los mentores. Durante el decenio, más de 100 maestros fueron apresados, desaparecidos o asesinados en el estado sureño. Elba Esther Gordillo, quien aprovechó la rebelión en las filas sindicales para, con el apoyo de Carlos Salinas de Gortari, desplazar a Jonguitud, reconoció al CES independiente, el cual logró en 1992 un acuerdo con el gobierno estatal que lo convirtió en un interlocutor fundamental. Entre otras cosas, se constituyó la Fiscalía de Atención de Delitos contra el Magisterio, en donde la Sección 22 designaba abogados coadyuvantes. Asimismo, las iniciativas legislativas dentro del ramo educativo se le consultaban a esta poderosa agrupación que contaba con alrededor de 70 mil agremiados en la entidad.[16] Consolidado como factor de la política local, el sindicato de maestros tendría un papel central en la insurrección civil de 2006.

La violencia acompañó la gestión de Ruiz Ortiz, fuera ésta directamente promovida por el Estado, por los caciques o por conflictos intercomunitarios. No había pasado ni una semana del comienzo de su administración cuando detuvieron a dos integrantes del Frente Popular Revolucionario (FPR) bajo el cargo de homicidio. A pocos días de acabar 2004, asesinaron a una persona que denunció el tráfico de armas y, a principios del siguiente año, privaron de la vida

---

[16] Sotelo Marbán, *Oaxaca*, p. 35n; Osorno, *Oaxaca sitiada*, p. 36.

a dos militantes del Movimiento Ciudadano Juquileño. La sociedad civil reaccionó mediante la movilización. El 18 de febrero de 2005 llevó a cabo en la capital oaxaqueña la mayor manifestación habida hasta ese momento: alrededor de 85 mil personas, convocadas por la Sección 22 del SNTE y otras organizaciones, exigieron el cese de la violencia estatal y el respeto a la voluntad ciudadana expresada en las recientes elecciones locales. De todos modos continuaron los atentados políticos, como el que sufrió en julio la secretaria municipal de San Pedro Jicayan, de extracción perredista, y los homicidios del líder del Movimiento de Unificación y Lucha Triqui (MULT) en agosto, del dirigente de los colonos en Zaachila en octubre, y del coordinador municipal del Programa de Fortalecimiento de Empresas y Organizaciones Rurales (PROFEMOR), al mes siguiente.[17]

Los profesores emplazaron a huelga para el 15 de mayo, presentando a las autoridades un pliego petitorio de 17 demandas concentradas en el salario y el mejoramiento de la infraestructura educativa. El gobernador ignoró el planteamiento, y la huelga estalló el día 22. Aquéllos decidieron ocupar el centro histórico de la capital (cincuenta cuadras aproximadamente), siendo secundados por múltiples agrupaciones sociales. El 1 de junio el Congreso local aprobó un punto de acuerdo donde exigió a los maestros regresar a clases, amagando con utilizar la fuerza pública. Éstos respondieron obturando el acceso al aeropuerto internacional de Oaxaca y con una magna concentración que reunió entre 80 y 100 mil personas. Dado que se sumaron otros grupos al movimiento, se agregó la demanda de liberar a por lo menos 40 presos políticos detenidos en el mandato de Ruiz Ortiz. La iniciativa privada cerró filas con el gobernador y apoyó el desalojo de los profesores. El día 14, la policía estatal, comandada por un marino de formación *kaibil*, no logró cumplir este objetivo, y los mentores contestaron con una nueva marcha (la tercera para ese momento), la formación de la APPO y otra manifestación masiva. Cada una de las seis movilizaciones superó a la anterior e incorporó a sectores prácticamente de toda la entidad donde, además, los insurgentes tomaron 14 presidencias municipales. Con bajo perfil, los cuadros de la guerrilla eperrista y de otros grupos afi-

[17] Sotelo Marbán, *Oaxaca*, pp. 55-57.

nes movían también los hilos que tenían a mano. Por su parte, Ulises Ruiz reaccionó destituyendo al secretario general de Gobierno y al director general de Seguridad Pública, mientras el ejército ocupaba varias comunidades de la sierra.[18]

Acudió puntual el voto de castigo el 2 de julio y el PRI perdió casi todos los distritos de la entidad, obteniendo López Obrador una elevada cantidad de sufragios. Por su parte, el movimiento popular ocupó las instalaciones de la radio y la televisión locales el 1 de agosto, y el día 18, llevó a cabo un paro cívico estatal donde se bloquearon las entradas principales a la capital. Para defenderse de los grupos de choque formados por el gobierno estatal, el día 21, la APPO instruyó a la población para que montara "barricadas en todas las colonias y en todas las calles para evitar que pasaran los grupos paramilitares". El 26 de septiembre, después de varios enfrentamientos, hechos violentos y el ultimátum de Ruiz Ortiz para que los maestros volvieran a clases, la Sección 22 decidió continuar en huelga y la APPO formó una comisión para solicitar al Senado la desaparición de poderes en la entidad. Entre tanto, la naciente Organización Revolucionaria Armada del Pueblo de Oaxaca (ORAPO) salió a la luz pública el 2 de octubre detonando petardos en varios cajeros automáticos.[19]

Los paristas habían llegado demasiado lejos de acuerdo con los parámetros de un gobierno conservador, todo el estado estaba movilizado y López Obrador había arrollado en la entidad (con más del 46% de la votación) por lo que, antes de perderlo todo, Vicente Fox acudió en auxilio de Ulises Ruiz. El 30 de septiembre, helicópteros de la marina realizaron vuelos de reconocimiento en la ciudad de Oaxaca, en tanto que tropas federales desembarcaron en Salina Cruz y Huatulco. Por su parte, "provocadores" (en realidad, escuadrones de la muerte formados por policías y sicarios) atacaron con armas de fuego los distintos plantones, ahora en plural, que se

---

[18] Ibid., pp. 71 y ss.; "Cronología del conflicto en Oaxaca", *El Universal*, en línea, 30 de octubre de 2006; Osorno, *Oaxaca sitiada*, pp. 24, 34, 92-93.

[19] Estrada Saavedra, "La anarquía organizada"", p. 910; "Cronología del conflicto en Oaxaca", *El Universal*, en línea, 30 de octubre de 2006; Centro de Documentación de los Movimientos Armados (CEDEMA), Organización Revolucionaria Armada del Pueblo de Oaxaca, "Comunicado del 2 de octubre de 2006".

habían instalado en varias plazas, además de las barricadas impro-visadas en las colonias y otros puntos estratégicos de la capital. La toma de la ciudad la llevaron a cabo 4,500 elementos de la PFP el 29 de octubre. Emplearon tanquetas, lanzaron gases lacrimógenos y agua a presión. Dispararon armas de fuego. No obstante, tardaron 10 horas en desmontar las barricadas y recuperar el centro histórico de la capital. Despejado el terreno, en los siguientes días permitie-ron literalmente a las huestes criminales de Ulises Ruiz ir a la caza de los inconformes. Por su parte, la hacía poco desconocida Briga-da de Ajusticiamiento 2 de Diciembre y cinco organizaciones más convocaron a responder "las cobardes agresiones de las fuerzas po-licíacas... con garrotes, piedras y hasta cohetones; levantando las barricadas para protegerse especialmente de los ataques nocturnos que realiza la policía, o de los presos comunes que fueron liberados para utilizarlos como grupos paramilitares".[20]

La represión de la "comuna de Oaxaca" cobró la vida de 26 perso-nas (incluido el camarógrafo estadounidense Brad Will), hubo mu-chos heridos, presos, destrozos, torturas, vejaciones e, igualmente importante, sembró el terror entre la población civil. Desafiando toda evidencia, el vocero presidencial aseguró que "no hubo ningún muerto durante el operativo de la PFP en Oaxaca". A Flavio Sosa Vi-llavicencio, una de las cabezas visibles de la APPO, y también a su her-mano Horacio los internaron en el penal de máxima seguridad del Altiplano, como antes habían hecho con algunos de los presos de Atenco, mientras otros participantes del plantón fueron confinados en el Centro Federal de Readaptación Social de San José del Rincón, Nayarit. Si lo apretaban, el "gobierno del cambio" no dudaría en re-primir la rebeldía de los subalternos, ni en emplear a la policía y las fuerzas armadas para castigarlos. Como era previsible, el conflicto llegó hasta la SCJN. En octubre de 2009, por siete votos contra cua-tro, el pleno de la Corte determinó que Ruiz Ortiz era responsable

---

[20] "Cronología del conflicto en Oaxaca", *El Universal*, en línea, 30 de oc-tubre de 2006; Sotelo Marbán, *Oaxaca*, p. 147; Gibler, "Afán de impunidad", p. 165; Osorno, *Oaxaca sitiada*, p. 289. CEDEMA, Brigada de Ajusticiamiento 2 de Diciembre, "Manifiesto a la nación núm. 2", 30 de agosto de 2006. Se cita este último.

de graves violaciones a los derechos humanos de la población civil, quedando en manos del Ejecutivo federal y de la Cámara de Diputados instruir el juicio político en contra del gobernador oaxaqueño.[21] Esto por supuesto nunca ocurrió.

El discurso del orden

Vivimos hoy la entronización de las clases medias. Finiquitado el idilio comunista con el proletariado, día a día los comentaristas políticos reiteran que en el país son mayoritarias éstas, gracias a la estabilidad económica posterior a la dramática contracción del PIB en 1995, y las miran plagadas de atributos positivos (responsables, trabajadoras, emprendedoras, moderadas, optimistas, visionarias, ahorrativas, aunque ocasionalmente les da por consumir drogas). Pero, sobre todo, las consideran el soporte de la democracia moderna, la garantía de la cohesión comunitaria en la medida en que una sociedad homogénea es más robusta, en que la propiedad genera un sentimiento de compromiso con el bien común, que eso nos acerca al Primer Mundo, que dejaremos por fin atrás los sobresaltos de nuestra historia nacional plagada de fracasos. "La consolidación de este sector es quizá el tema más importante para el desarrollo futuro del país y el evento histórico más significativo de las últimas décadas", "en la actualidad la democracia empata, de forma natural, con las características de la clase media", "cuando eso pasa, la democracia liberal deliberativa comienza a ser posible", escribieron dos optimistas analistas económicos.[22] Ante tal euforia por el renacimiento del

---

[21] Osorno, *Oaxaca sitiada*, p. 282; "Oaxaca: resolución de la Suprema Corte en el caso de Oaxaca", *Blog del Servicio Internacional para la Paz*, octubre de 2009.

[22] De la Calle y Rubio, "Clasemedieros", 2010. En el mismo sentido véanse Aguilar y Castañeda, *El narco*, pp. 30, 88 y ss.; Castañeda y Morales, *Lo que queda de la izquierda*, pp. 11-12; Aguilar Camín y Castañeda, *Un futuro para México*, p. 23. Una revisión crítica de la *doxa* en torno a las clases medias puede verse en "Clases medias: definiciones y datos duros", *Este País*, n. 257, septiembre de 2012, pp. 53-56. La conceptualización mejor elaborada es la de Mangabeira Unger, *La alternativa de la izquierda*, 2010.

sujeto del progreso nacional, Mariano Otero no sería mucho más que un pálido antecesor decimonónico.

Pero las clases medias también pueden ser violentas y sus llamados al orden en períodos críticos han alentado dictaduras militares (España, Chile, Argentina) y el fascismo (Alemania e Italia). En sociedades como la mexicana, fracturadas por la desigualdad extrema y con una limitada movilidad social,[23] las clases medias manifiestan muy escasa simpatía hacia los movimientos populares y abierta reprobación a sus demandas de mejora material o de justicia social: los detestan, pero les temen. Hacia los pobres, la otra mitad de la población nacional según el INEGI, son cristianamente compasivas, lo que no atenúa su mirada racista, la benévola condescendencia hacia quien invade la acera pero se muestra sumiso.

En México la cuadrícula social se encimó a la diferenciación étnica en una suerte de superposición de la estructura de clases moderna a un sistema de castas heredado parcialmente de la Colonia, de manera tal que las clases propietarias quedaron identificadas con los blancos y las subalternas con los no tanto. El porfiriato reforzó esta separación configurando muchos de los prejuicios raciales aun vigentes que llevaron incluso a reconocer a los delincuentes a simple vista, pues su aspecto los denunciaba. Mientras el PRI y el PRD tradicionalmente dirigieron su discurso político hacia "las clases menos favorecidas" e hicieron de la política social su bandera, contando ambos con una base de masas entre las clases populares, el PAN se identifica con las clases medias, reniega del populismo del cardenismo histórico, vertebrándose a partir de la familia, la principal reserva moral de la sociedad de acuerdo con la Iglesia católica mexicana. Incluso la retórica de la guerra contra el narcotráfico justificó la empresa con el eslogan "para que la droga no llegue a tus hijos".

La socorrida metáfora de la nación-familia alimentó la precaria prosa calderonista. El candidato de Acción Nacional bautizó como

---

[23] De acuerdo con un informe del Banco Mundial, México ocupa el antepenúltimo lugar en movilidad social dentro de América Latina y el último de la OCDE. "Es imposible para ocho de cada 10 mexicanos subir de nivel económico", *La Jornada*, 15 de mayo de 2013. Y, según el INEGI, el 1.7% de la población mexicana pertenece a la clase alta, 39.2% a la media y 59.1% a la baja. *La Jornada*, 13 de junio de 2013.

El hijo desobediente las memorias de su campaña presidencial; utilizó el sustantivo como leyenda pintada en los autobuses con los que transitó por el territorio nacional durante su campaña, y también fue el corrido que escuchaba cuando se sentía alegre por las noches, no obstante las extenuantes jornadas en busca del voto ciudadano. Ya electo, "el hijo desobediente" se convirtió en padre responsable. Como a éste, en el hogar le correspondía proveer lo indispensable a la familia y además poner orden cuando había discordia entre sus miembros. "¿Por qué pelearnos si todos somos México, por qué provocarnos si todos queremos lo mejor para el país?", se preguntaba arropado por sus partidarios en la colonia Nochebuena.[24]

Particularmente sensibles a la inestabilidad,[25] las clases medias se sintieron amenazadas por el ascenso de la movilización popular en distintos puntos del país. Obsequiando sus expectativas de orden, en 2006 la derecha en el poder emprendió una batida contra las clases subalternas que daban crecientes muestras de insubordinación como acabamos de ver. Y, ante el peligro de que el candidato plebeyo apoderado del Paseo de la Reforma unificara el descontento de una sociedad cada vez más polarizada, después del 2 de julio, empresarios, comentaristas y políticos convocaron a enderezar el vacilante "estado de derecho". Es "una locura mexicana y kafkiana", declaró en un malabarismo verbal el hombre más rico del planeta, mostrando que, con vocación suicida, el perredismo se cortaba las venas tomando la ciudad que gobernaba. Simultáneamente, desde la prosperidad de sus negocios mineros y con su flamante camiseta panista, Diódoro Carrasco, ex gobernador de

---

[24] "Felipe festeja triunfo sobre 'México del caos'", *El Universal*, en línea, 11 de septiembre de 2006. Poco antes de concluir su sexenio, en el acto donde se anunció la creación del Centro Coordinador de las Américas contra la Delincuencia Organizada Transnacional, Felipe Calderón volvió sobre la asociación familia-nación: cuando las naciones son agredidas por "criminales sin escrúpulos", los gobiernos actúan "en legítima defensa de nuestras familias y de nuestras sociedades contra los agresores". "Acuerdan 20 países crear el Centro de las Américas contra el crimen transnacional", *La Jornada*, 21 de septiembre de 2012.

[25] De la Calle y Rubio, "Clasemedieros", 2010.

Oaxaca y secretario de Gobernación en la presidencia de Ernesto Zedillo, llamó a dejar atrás los "rencores y odios clasistas" que tanto daño hacían al país.[26]

A un mes de la elección, Felipe de Jesús Calderón Hinojosa hizo un llamado a preservar la concordia, en alusión al plantón de López Obrador. Para entonces, decía formar parte de los "pacíficos" y convocaba a la reconciliación nacional a quienes se habían quedado por segunda ocasión en la antesala de Palacio Nacional convencidos, además, de que se les había arrebatado la victoria de manera tramposa. Para entonces, las imágenes del bloqueo perredista y las de Oaxaca en manos de la APPO dominaban los medios de comunicación electrónicos y las planas de los periódicos, en tanto que el virtual presidente procuraba mostrar su prudencia, la mano abierta a una oposición responsable y su preocupación por los pobres[27] que, suponía, tenía ganados el obradorismo.

El 5 de septiembre, validado el triunfo del candidato panista por el TEPJF, su mensaje político comenzó a virar hacia un discurso del orden, diluyendo la distinción conceptual entre la protesta social y la criminalidad, y deslizándose peligrosamente de una hacia la otra. Ambas iban contra la estabilidad de la República, todas crecieron en un "pasado que desprecia la ley [...] que aborrece a las instituciones". La concordia y la tolerancia perdieron terreno en favor del orden y la defensa del marco institucional. Derrotados en las urnas quienes pretendían "atrapar al país en el odio y en el rencor", hundirlo en el caos y en la lucha fratricida, "hoy ganó el futuro, un futuro de esperanza, de civilidad frente a un pasado de violencia que ha sido siempre la larga noche de la historia de México", dijo en la celebración de su victoria en la Plaza de Toros México.[28]

Poco antes, durante una gira por su natal Michoacán, había señalado ante el gobernador Cárdenas Batel que asumía el "impos-

---

[26] "La radicalización ha debilitado a la izquierda, Slim", *El Universal*, en línea, 21 de septiembre de 2006; "La coyuntura electoral puede desbordarse si sigue el rencor clasista", *El Universal*, en línea, 11 de julio de 2006.

[27] "Se cumple un mes de crispación en el país", *El Universal*, en línea, 3 de agosto de 2006.

[28] "Felipe festeja triunfo sobre 'México del caos'", *El Universal*, en línea, 11 de septiembre de 2006.

tergable deber de rescatar la vida pública de México y Michoacán" acosada por el crimen organizado. Más adelante, justificaría la decisión de atacarlo directamente en las calles con el argumento de evitar que las drogas llegaran a niños y jóvenes, bajo la endeble premisa de que el consumo dentro de estos grupos de edad se había disparado. Quien en su campaña anunció que era "el hombre de las manos limpias", "el presidente del empleo", ya electo se reinventó como el hombre de Estado que tenía una impostergable misión que cumplir: enfrentar al enemigo ubicuo que corroía el andamiaje de la nación, que devoraba a la familia. Y ahora sus manos no están tampoco limpias. Evidencia del fracaso de la estrategia calderonista es que el primer despliegue militar importante del gobierno de Enrique Peña Nieto fue justamente en Michoacán, ya no sólo gangrenado por el crimen organizado, sino en la ingobernabilidad.[29]

En octubre Calderón Hinojosa visitó Colombia y quedó impresionado por el éxito de aquel país en materia de seguridad. Extrajo conclusiones apresuradas y tomando parámetros de referencia poco consistentes regresó dispuesto a combatir a los "poderes de facto, que atenten todos los días contra la sociedad y que desafíen a la autoridad del Estado mexicano". El reto, siguiendo el ejemplo de la nación sudamericana, era instrumentar una "política de seguridad democrática" que evitara el rompimiento del orden constitucional pero que a la vez permitiera recuperar los espacios ganados por el crimen organizado. Calderón anunció al comenzar diciembre la conformación de un gabinete *ad hoc* para "iniciar una 'batalla' contra el narcotráfico, la criminalidad y la delincuencia organizada".[30]

Ni bien se había acomodado en la silla que tanto le costó ganar, cuando los federales apresaron a Flavio Sosa y lo remitieron al penal

[29] "Dar apoyo antinarco en Michoacán, ofrece Felipe", *El Universal*, en línea, 9 de septiembre de 2006; ver también "Un corrido para el hijo desobediente", *El País*, en línea, 30 de junio de 2006; Aguilar y Castañeda, *El narco*, p. 31; "Segob: se quedará el ejército en Michoacán hasta pacificarlo", *El Universal*, en línea, 22 de mayo de 2013; Rivera Velázquez, "El abismo michoacano", p. 45.

[30] "Calderón usará experiencia colombiana en lucha antinarco", *El Universal*, en línea, 5 de octubre de 2006; "'Batalla' contra el crimen organizado, el objetivo", *El Universal*, en línea, 1 de diciembre de 2006.

del Altiplano, a la vez que el Ejecutivo rompía la negociación con la APPO, que todavía insistía en la salida de Ulises Ruiz, y en la liberación de los 140 "presos políticos" internados en Tepic. Rosario Ibarra de Piedra denunció las consignaciones arbitrarias de los líderes sociales comparando al mandatario panista con Gustavo Díaz Ordaz, el más incómodo de sus predecesores.[31] En adelante, el comandante de "los pacíficos" no daría cuartel a "los violentos". Felipe de Jesús tomó su fusil y el 11 de diciembre se fue a la guerra.

<hr>

[31] "Cancela el gobierno negociación con la APPO", *El Universal*, en línea, 6 de diciembre de 2006; Osorno, *Oaxaca sitiada*, p. 292.

4. Velando armas

México ha vivido en los últimos siete años una de las etapas más violentas de su historia posrevolucionaria. Basta asomarse a las noticias del día para corroborar este dato. No obstante, hay cierto acuerdo en la dificultad para medir hasta qué punto se han alcanzado niveles que colocan al país en cerrada competencia con sociedades sometidas al flagelo de la violencia producto de las bandas del narcotráfico. Las estadísticas criminales indican que los homicidios iban a la baja a escala nacional desde hacía 15 años cuando Felipe Calderón inició la guerra contra los cárteles de la droga. Tal vez el cambio cualitativo más relevante del período fue la disminución de la violencia rural y el incremento de la urbana, en particular en la frontera norte. En cualquier caso, la tasa de homicidios había disminuido aproximadamente a la mitad para 2007 como bien mostró Fernando Escalante Gonzalbo, echando por tierra una de las razones sustantivas por las que la administración panista inició una guerra ineficaz y sumamente costosa en vidas humanas. Durante el sexenio de Calderón se invirtió esta tendencia: inició con una tasa de homicidios del 8.04 por cada cien mil habitantes y concluyó con una de 25, aunque desde mediados de 2011 ha mostrado una tendencia hacia la baja.[1]

Hay una larga y abultada saga de muertes, ejecuciones, descabezados, encobijados, desaparecidos, desplazados, y de los operativos des-

---

[1] Escalante Gonzalbo, "Homicidios 1990-2007", 2009; Merino y Gómez Ayala, "Cuerpos sin nombre", 2012; Hope, "Menos ruido, misma furia", pp. 19-20; Hope, "Violencia 2007-2011", p. 40. Para una discusión metodológica acerca de la medición de la violencia provocada por la guerra contra los cárteles véase la interesante reflexión de Sandra Ley, en el blog *Polifonía*, de *Letras Libres*, 12 de septiembre de 2012, así como la réplica de Fernando Escalante Gonzalbo, "Contar nuestros muertos", *La Razón*, 19 de septiembre de 2012, y la contrarréplica de Sandra Ley, "La insuficiencia de las bases de datos", *Polifonía*, *Letras Libres*, en línea, 19 de septiembre de 2012.

plegados por el Ejército y la Marina, sobre los que existen cantidades ingentes de reportajes periodísticos e incluso libros bien documentados.[2] Éstos son valiosos no sólo por el riesgo que supone registrar lo que acontece desde las entrañas de la violencia sino, además, porque la información que aportan probablemente no hubiera llegado a nosotros con la frescura de la inmediatez. Pero también se requiere ir más allá de los datos duros e intentar un ejercicio de reflexión sobre lo que ha sido la llamada "guerra" contra el narcotráfico.

Habría que comenzar preguntándonos si es en realidad una *guerra* lo que con bombo y platillo emprendió Felipe Calderón en diciembre de 2006. Él mismo llamó en un principio "guerra" a la batalla emprendida contra los cárteles de la droga. Más tarde intentó cambiar y negar su dicho, pero existe el registro puntual de sus declaraciones: "Tengan la certeza de que mi gobierno está trabajando fuertemente para ganar la guerra a la delincuencia..." (6 de diciembre de 2006); "Estamos decididos a ganar la guerra contra la delincuencia y el crimen organizado" (25 de junio de 2008); "Ésta no es una guerra que estemos librando en el extranjero, buscando algún recurso que no es nuestro" (16 de marzo de 2010).[3]

Pero hablar de una guerra implica, en principio, una lucha entre enemigos. La teoría clásica más reconocida emplea la imagen del duelo para definir su esencia: dos voluntades enfrentadas, cada una buscando derribar la resistencia del contrario.[4] Realista al fin, el autor de *De la guerra* (1832) se opone a toda concepción romántica: es un error pensar que en una contienda de este tipo se puede escatimar el derramamiento de sangre. El fin del combate es derrotar al enemigo, acabar con él, eliminar toda posibilidad de que se recupere y tome ventaja. No obstante, el despliegue de fuerza en el combate no excluye la intervención de la inteligencia; la guerra no sólo es fuerza. Se requiere conocer al enemigo para no desplegar inútil-

---

[2] Sólo por mencionar algunos: Aguilar y Castañeda, *El narco*, 2009; Osorno, *La guerra de los Zetas*, 2012; Flores Nández, *La farsa detrás de la guerra contra el narco*, 2012; Aguilar y Castañeda, *Los saldos del narco*, 2012; Calveiro, *Violencias de Estado*, 2012.

[3] Presidencia de la República, *El Gobierno Mexicano. Crónica mensual*, n. 1, diciembre de 2006, p. 70. Salazar Ugarte, *Crítica de la mano dura*, p. 53.

[4] Von Clausewitz, *De la guerra*, I, p. 7.

mente los recursos. Igualmente indispensable es no despreciarlo: éste no es una masa inerte; la guerra siempre es el choque entre dos fuerzas vivas.[5]

Cuarto de guerra

Si bien es cierto que las guerras en la actualidad son fenómenos muy distintos a las guerras "clásicas" en donde eran reconocibles los dos bandos enfrentados y se trataba de ejércitos formales, estas cuantas lecciones del célebre prusiano pueden resultar útiles para empezar a analizar la estrategia emprendida en México para combatir a las mafias del narcotráfico. Desde luego, es difícil saber qué tanta y qué tan certera era la información con la cual contaba el primer mandatario acerca de la fuerza y extensión del narcotráfico cuando inició su sexenio. Pero no debió ser poca: en México los jefes de Estado tienen acceso a fuentes de información de todo tipo, sin contar la que les proporciona el gobierno de Estados Unidos. Como también poseen –no obstante los organismos creados a favor de la transparencia–[6] margen para ocultar, o cuando menos volver opaca, toda aquella que consideran riesgosa para su imagen personal y la del gobierno, o bien cuando se trata de la "seguridad" del Estado. Así pues, el comandante supremo de las Fuerzas Armadas debió de contar con datos suficientemente seguros y confiables acerca de los cárteles, sus líderes, y su distribución en el país.[7] Pero además había evidencia de las cada vez más descaradas acciones violentas de las bandas; para el inicio del sexenio los enfrentamientos tenían lugar a plena luz del día, en bares, bailes y demás sitios concurridos, por no

---

[5] Ibid., I, p. 10.

[6] Básicamente el Instituto Federal de Acceso a la Información (IFAI), creado por Vicente Fox.

[7] Aunque más tarde, en una conferencia con Pedro Ferriz de Con, reconoció que emprendió la guerra "sin tener un diagnóstico preciso. Explicó que, al igual que un médico que opera una apendicitis y a media cirugía descubre que el paciente está invadido de cáncer, él tomó la decisión repentina de emprender su combate, que a no todos gusta pero consideró necesaria". Turati, *Fuego cruzado*, p. 43.

hablar de los descabezados.[8] De hecho, se puede afirmar que ésta es una característica adoptada por el narco en los últimos años: acciones que por su crueldad infundan terror en la población.

Sin embargo, una cosa es tener información confiable y otra es diseñar una estrategia consistente con esos datos. De hecho, en mayo de 2012, el periodista Daniel Lizárraga comentó en un conocido programa de radio (MVS) que había pedido a la Sedena información acerca de cómo se había diseñado la estrategia de combate al crimen organizado durante el gobierno de Felipe Calderón. La respuesta que recibió es que se trataba de "conferencias y programas de gobierno que recopilaban acciones", alegando que se trataba de "versiones finales de la estrategia": ningún documento oficial. Después de presentar un recurso de revisión ante el IFAI, recibió la misma respuesta de la Sedena y el gobierno.[9]

A la luz de los resultados, no parece que se haya medido bien al enemigo, esto es, el tamaño, la fuerza y la capacidad de reacción del narco: ¿Había que enfrentarlos "a todos, todo el tiempo" (Carlos Fuentes *dixit*)? ¿Tenía que desplegar al ejército para combatirlos? ¿Era la guerra el último recurso? En el desfile militar del 20 de noviembre de 2012, esto es, diez días antes de abandonar el cargo, el primer mandatario reiteró que sí, pues, "al llegar a la presidencia una violencia criminal desafiaba al Estado e incluso llegó a suplantar a alguna autoridad, por lo que la única opción fue defender con toda la fuerza del Estado a los ciudadanos". En un balance, señaló a los pocos días ante los marinos, "fue su acción patriótica y tenaz contra el crimen lo que permitió que muchas comunidades pudieran vivir hoy nuevamente la tranquilidad que habían

---

[8] No obstante, de acuerdo con estudios acerca de la violencia en México, en esos años de inicio del sexenio se había producido una baja perceptible y constante de las muertes violentas en nuestro país. Véase Escalante Gonzalbo, "Homicidios 1990-2007", 2009. De acuerdo con la Academia de Ginebra, en 2012 México ocupó el segundo lugar mundial en muertes causadas por conflictos armados (9,000), sólo superado por Siria (55,000). "Conflictos armados en el mundo provocan 95 mil muertos: Academia de Ginebra", *La Jornada*, 11 de diciembre de 2013.

[9] Arturo Rodríguez García, "El último parte de guerra", *Proceso*, 8 de septiembre de 2012.

perdido". Pero, ¿realmente los defendió e hizo que recuperaran la tranquilidad?[10] Si no se calculó en su debida magnitud la respuesta tal vez se debió, además del exceso de confianza, a que el narco es un enemigo "difuso". De una parte, la configuración de los cárteles no se mantiene por mucho tiempo: hay constantes reacomodos, más ahora cuando se han eliminado varias cabezas importantes, con el efecto indeseado de una atomización en grupos más pequeños que actúan por su cuenta, pero casi siempre terminan siendo fagocitados por los cárteles más poderosos o bien formando otras agrupaciones delictivas. Esto ha contribuido a que la violencia disminuya en algunos estados que al principio de la guerra y hasta 2011, cuando alcanza su clímax, fueron los que arrojaron cifras más altas en ejecuciones. La conclusión correcta conforme a lo señalado por los expertos en el tema es que, en efecto, a partir de aquel año la violencia decreció en cuanto al número de víctimas fatales, pero se ha repartido hacia otras regiones del país, además de que, al subir los sicarios a las posiciones de mando en remplazo de sus jefes, si vale la expresión, el narco se ha lumpenizado volviéndose las células criminales más sanguinarias aún.[11] Por tanto, no es éste un dato que lleve a pensar, como lo hace la opinión oficial, que el enemigo está cerca de ser derrotado, más bien que va cambiando de cara y región en la que opera.

El otro aspecto de este carácter difuso se debe a la diversificación de los negocios. Mucho antes de la guerra de Calderón, en los años dorados del priato, el negocio de los cárteles era casi exclusivamen-

[10] "Calderón: la fuerza fue la única opción ante el crimen", *El Universal*, en línea, 20 de noviembre de 2012; "'Legítima defensa' del Estado al enfrentar la delincuencia: Calderón", *La Jornada*, 24 de noviembre de 2012. De acuerdo con las encuestas, hoy día los mexicanos se sienten "menos seguros" que hace seis años. Guerrero Gutiérrez, "La estrategia fallida", 2012.

[11] Chihuahua llegó a tener 79.7 ejecuciones (por cada 100 mil habitantes) en 2011; le siguieron, usando la misma escala, Guerrero con 50.3, Sinaloa y Durango con 49.1. Véase la tabla completa en Guerrero Gutiérrez, "2011: la dispersión de la violencia", 2012; Rafael Croda, "*El Chapo*, un 'narcoholding'", *Proceso*, 6 de enero de 2013; Guerrero Gutiérrez, "Nuevas coordenadas de la violencia", p. 25.

te la droga: mariguana y amapola, de donde se obtiene la famosa "goma" de opio –de ahí que a los narcos de antaño se les llamara "gomeros"– cultivada en campos sinaloenses y en la sierra de Guerrero; sólo más tarde hizo su aparición la cocaína. Hoy, los grupos delincuenciales se dedican a una asombrosa variedad de actividades: ya no sólo es el tráfico, distribución y venta de la droga (también la diversidad de éstas se ha incrementado de manera notable en las últimas décadas). A ellas se han agregado el jugoso "negocio" de la venta de piso, el secuestro (con sus espeluznantes modalidades), la trata de personas, los casinos multiplicados exponencialmente durante las administraciones panistas y un sinfín de actividades a través de las cuales se blanquean las ingentes ganancias.[12]

Por último, esa indefinición del "enemigo", a pesar de que desde el gobierno se insista en lo contrario, es el producto de la corrupción endémica que ha permeado prácticamente todas las instituciones encargadas del control de la criminalidad, así como de la procuración y administración de la justicia.[13] En efecto, cada vez es más difícil saber en dónde está la línea que separa a los "buenos" de los "malos" (una caracterización muy socorrida por los funcionarios panistas). Las cárceles –ahora atestadas de *delincuentes*, por usar un término que borra todo matiz y grado– son el ejemplo más pavoroso del fracaso en ese orden de cosas: ya no se aspira a regenerar a quien delinque (basta ver el tamaño de las penas), sólo a confinar a la lacra de la sociedad, a los indeseables. Con ello no sólo no se combate al crimen, sino que se le alimenta e, incluso, los reclusorios se han convertido en "surtidores" del sicariato; a través de fugas masivas los cárteles se proveen de mano de obra cuando les hace falta. Por si fuera poco, una patología más de esta guerra es que las muertes (hasta ahora se cree que arriba de 80 mil) no se ha podido determinar con certeza a qué bando pertenecen, si bien se sospecha que buena parte provienen de la sociedad civil, no siem-

---

[12] Fernández Menéndez, *El otro poder*, p. 36; Flores Nández, *La farsa detrás de la guerra contra el narco*, pp. 85 y ss.

[13] Las policías dijo el comandante de una autodefensa comunitaria en la Costa Chica guerrerense, "son parte de los criminales y son parte del Estado… son la bisagra [entre ambos]". Sabina Berman, "Justicia por propia mano", *Proceso*, 31 de marzo de 2013.

pre de los enemigos en combate. Tanto el número exacto como la procedencia y condición de las "bajas" en esta guerra permanecen en el limbo jurídico.[14] El de los "daños colaterales",[15] por emplear el eufemismo del discurso oficial, es también un capítulo que merecería toda la atención tanto del gobierno como de la sociedad civil, asombrosamente pasiva ante este escenario, con excepción de la batalla que han librado líderes sociales, entre los cuales destaca el movimiento encabezado por Javier Sicilia,[16] a través del cual se dio voz a las víctimas, a saber, a los que han perdido un hijo o hija, hermanos, esposos, padres, compañeros de estudios, como en el caso de los alumnos del Tecnológico de Monterrey, o bien luchadores sociales que han quedado atrapados en el combate contra el narco, como ha sucedido en Cherán, donde los taladores furtivos se asocian con el narco para recibir protección y repartirse las ganancias.

Ante este panorama, cabe pues la sospecha de que se despreció al enemigo que se pretendía combatir con la fuerza de un ejército hipotéticamente bien pertrechado. Al minimizarlo, consecuentemente la estrategia falló porque ahora el ejército se ha convertido en parte del problema y no de la solución. Entrenado para las emergencias naturales o bien para defender la soberanía en caso de amenaza, el ejército no está facultado para combatir a la delincuencia, así hubiera alcanzado niveles alarmantes en varias ciudades del país, como Tijuana, Ciudad Juárez, Cuernavaca y, más recientemente, Monterrey y Acapulco. No son infrecuentes las acusaciones contra aquél por herir o matar a personas inocentes que no frenan en los retenes o se encuentran en un fuego cruzado; detener sospechosos

---

[14] De acuerdo con cifras extraoficiales, durante los primeros cuatro meses de la administración de Enrique Peña Nieto fueron ejecutadas cerca de tres mil personas, lo que indicaría que el índice de víctimas fatales de la guerra contra el crimen organizado no ha variado significativamente. "En la gestión de Peña han sido *ejecutadas* 2 mil 821 personas", *La Jornada*, 1 de abril de 2013.

[15] "Como si todo se valiera en nombre de la cruzada antidrogas. Como si las víctimas inocentes fueran los saldos inevitables de una guerra". Turati, *Fuego cruzado*, p. 89.

[16] Al respecto, véase Sicilia, *Estamos hasta la madre*, 2011.

sin órdenes de aprehensión para luego investigar su culpabilidad; uso excesivo de la fuerza y de tortura, así como confinamiento en cuarteles militares y demás violaciones a los derechos humanos. Contra las afirmaciones de los voceros gubernamentales, la tortura –un fenómeno crónico en México– se incrementó considerablemente en el sexenio calderonista. Se cuenta con suficientes testimonios de las víctimas, sobre todo de mujeres, que permiten a las organizaciones civiles que se han dado el trabajo de estudiar el fenómeno determinar el número de casos y los patrones que siguen. Es importante señalar que los autores de estas vejaciones no sólo son militares, también policías e incluso particulares coludidos con éstos. De acuerdo con el *ombudsman* nacional, en el gobierno del michoacano aumentaron en 500% los casos de tortura.[17]

No obstante, en su último informe de gobierno, Felipe Calderón defendió una vez más su estrategia de emplear toda la fuerza del Estado en este combate. Se trata, dijo, de "un imperativo legal, político y moral: un imperativo categórico", con lo cual, suponemos, se refería a un deber absolutamente necesario, impostergable. Se detuvo en describir cómo el crimen había rebasado todo límite tolerable en algunas regiones del país, debido en gran medida a un cambio en las rutas del narco y en el incremento del flujo de armas. Su estrategia consistía entonces en enfrentar al crimen, modernizar y fortalecer las instituciones de seguridad y reconstruir el "tejido social". De paso, fustigó a quienes creían que hubiera sido mejor dejar las cosas como estaban, dejando a los criminales como dueños del territorio, "a sus anchas".[18] Siendo tantos los resultados indeseables de este combate frontal al narcotráfico, volvemos a la pregunta: ¿cómo entender que se haya decidido emprenderla? ¿Cómo justificarla?

[17] Turati, *Fuego cruzado*, p. 96; "Crecen denuncias de tortura a mujeres", *Reforma*, 30 de octubre de 2012; "Aumentaron 500% los casos de tortura con Calderón: CNDH", *La Jornada*, 22 de noviembre de 2012.

[18] Arturo Rodríguez García, "El último parte de guerra", *Proceso*, 8 de septiembre de 2012. Sobre la relación entre el flujo de armas proveniente de Estados Unidos y el incremento de la violencia en México, véase Pérez Esparza y Weigend Vargas, "Más armas, más delitos, más homicidios", pp. 15 y ss.

Algunos autores han defendido la tesis de que Calderón tomó la decisión de emprender la guerra al narcotráfico –esto es, alistar a las tropas y enviarlas a las zonas de conflicto– impulsado por la necesidad de legitimarse en la presidencia después de la controvertida elección constitucional de 2006;[19] pero aunque la tesis no es descartable, resulta insuficiente. Parece una apuesta muy arriesgada para alcanzar un fin que se pudo haber obtenido con un golpe espectacular –el país puede dar ocasión para más de uno, como acabamos de ver con la consignación de la hasta hace poco todopoderosa maestra Elba Esther Gordillo–, sin comprometer la estabilidad, precaria, pero al fin estabilidad. No obstante, se puede coincidir con Rubén Aguilar y Jorge G. Castañeda en el sentido de que el michoacano quiso mandar una señal de fuerza y decisión en respuesta al cuestionamiento de su triunfo en las urnas, sobre todo por la izquierda que durante todo el sexenio lo ha llamado "el espurio": una señal clara a las atemorizadas clases medias presentándose como el guardián del orden y las instituciones, y a la élite económica (banqueros, industriales, inversionistas nacionales y extranjeros) como garante de la estabilidad. Pero hay un elemento más, no destacado hasta ahora y que resulta central para intentar explicar el porqué de esta guerra. Para Calderón ésta es una *guerra justa*. En efecto, la doctrina del *iustum bellum* nos puede proporcionar varias claves para continuar nuestro análisis y eventualmente arrojar alguna luz sobre los excesos y errores que se han cometido en la lucha contra el crimen organizado, lucha que, vale la pena decirlo, tiene que darse y el obligado a hacerlo es el Estado, pero esto no equivale a aceptar sin más los métodos empleados en ella.

¿Una guerra justa?

La noción de guerra justa –de raíz agustiniana– surgió en el pensamiento occidental a la par del cristianismo con el fin de distinguir entre distintas guerras dependiendo de la causa o propósito que las anima. El argumento en que se apoya corre de la siguiente manera:

[19] Es la tesis defendida por Aguilar y Castañeda, *El narco*, 2009.

Hay un sentido en el cual todas las guerras se parecen: la violencia, la fuerza desplegada por las partes, la condición de los enemigos cuyas diferencias no pueden dirimirse sino venciendo al contrario. Pero más allá de estos rasgos comunes, prevalece la pregunta sobre qué se persigue con la guerra, qué causa es la que la motiva; en este otro sentido, se puede pensar que no todas las causas de guerra son iguales, ni todas son justas. Para san Agustín, como para los filósofos posteriores a él que asumieron y enriquecieron la doctrina, es lícito emprender una guerra por causas justas, pues de lo contrario se estaría negando ese derecho a los hombres justos y favoreciendo a quienes las emprenden por causas moralmente incorrectas. Pero además de una causa justa, se requiere de una intención correcta, esto es, no es lícito hacer la guerra buscando la venganza o simplemente dañar o destruir al otro. Una tercera exigencia es que estas guerras sean emprendidas por la autoridad competente; no es propio de una guerra justa dejar la decisión de llevarla a cabo en manos de quien no tiene autoridad jurídica, política o moral; en los tiempos actuales, esa decisión sólo compete a los jefes de Estado o bien a otros órganos (congresos, asambleas, consejos) a los que la constitución les ha otorgado ese poder. Finalmente, la guerra debe ser siempre el último recurso y tal condición se justifica por los terribles males que acarrea.[20]

Estas condiciones: causa justa, correcta intención, autoridad competente, último recurso, son *conditio sine qua non* de una guerra justa, pero quedan por satisfacerse otros principios que han pasado al derecho internacional y forman parte de cualquier código militar; se trata de las llamadas "leyes de la guerra":[21] principio de proporcionalidad y principio de discriminación entre combatientes y no combatientes. Con el principio de proporcionalidad se quiere evitar la fuerza excesiva; si se va a recurrir a ésta hay que calcular razonablemente cuánta y por cuánto tiempo tendrá que aplicarse. Con el segundo, se intenta

---

[20] Esto se trata con detalle en Santiago, *Justificar la guerra*, 2001.

[21] La doctrina del *iustum belli* tiene dos partes: *ad bellum* que se refiere al derecho de guerra al cual pertenecen las primeras condiciones: causa justa, correcta intención y autoridad competente; la otra parte o *in bello* se refiere a la conducta y medios empleados en la guerra.

proteger al inocente, es decir, a esa parte de la sociedad que no participa de la guerra pero sí sufre sus consecuencias.

La vieja doctrina de la guerra justa fue recuperada en gran parte por el derecho internacional, sobre todo, como decíamos, en lo concerniente a las leyes de la guerra; hoy existe un derecho humanitario al cual deben someterse todas las naciones, por no hablar de las normas emanadas de las convenciones de Ginebra que ponen un límite a lo que es lícito hacer en una contienda bélica. Pero no sucede lo mismo con la tesis nuclear de la doctrina, a saber, con la noción de causa justa, y esto es así porque dicha noción mantiene una carga teológica/iusnaturalista que no encaja ya con el derecho de guerra (*ad bellum*) positivo y secularizado.[22] Sin embargo, la noción sigue vigente en el imaginario político y no es infrecuente que recurran a ella los jefes de Estado. El mismo Barak Obama en su discurso de recepción del premio Nobel de la Paz se apoyó en la doctrina, con lo cual aceptaba tácitamente que en la lucha por alcanzar la paz muchas veces es necesario recurrir a la guerra, en cuyo caso se trata de una guerra justa.

Volvamos al caso mexicano. Para sustentar la batida emprendida contra el crimen organizado, batalla que pronto se convirtió en una guerra interna, Felipe Calderón apeló a diversas razones, algunas de ellas de índole meramente formal o jurídica: "sé que mi deber, como presidente, es contener a los criminales con todos los instrumentos que tiene el Estado a su alcance"; pero también lo consideró un "imperativo ético" que obligaba a "usar toda la capacidad del Estado para defender a las familias de esos criminales y, al mismo tiempo, trabajar para reconstruir instituciones de seguridad, de justicia y fortalecer el tejido social". Además, recurrentemente mencionó su condición de ciudadano y padre de familia consternado: "Como presidente, como ciudadano y como padre de familia entiendo el temor que sienten los padres de que sus hijos sean víctimas de la

---

[22] Tal vez sólo la Iglesia católica (i.e., el Vaticano) siga manteniendo vigente la doctrina acorde con la tradición escolástica agustiniano-tomista. De otra parte, no mencionamos a los países o regiones del mundo islámico porque si bien es cierto que hay parecidos de familia entre sus guerras santas y la noción de guerra justa, también hay diferencias que no pueden soslayarse.

delincuencia". Su convicción de ser el primer defensor de la familia mexicana y sus valores tradicionales se expresó en los promocionales que mostraban escenas en las cuales el ejército participaba en muy variadas acciones en el combate al narcotráfico, acompañadas de la frase "para que la droga no llegue a tus hijos".[23] A los delincuentes les llamaba "enemigos de México", "criminales sin escrúpulos", hacia los cuales no hay que tener ningún miramiento: "Reconsiderar el paradigma punitivo y avanzar a la seguridad con una perspectiva de derechos humanos suena bien, pero exactamente como qué es eso [...] porque sí [...] pero, a la hora de tratar de establecerlo en políticas públicas concretas, no se puede".[24]

La historia de bronce también fue un recurso a modo para justificar moralmente su estrategia. En la fastuosa ceremonia para conmemorar los 150 años de la batalla de Puebla, Calderón se refirió en primer término a Juárez, quien "tomó la decisión correcta, la difícil, la cuesta arriba, la de la adversidad", al enfrentar a un adversario mucho más fuerte; sorprendentemente los franceses, "soberbios, jactanciosos, con petulancia", fueron derrotados por un ejército más débil pero animado por un objetivo superior. La moraleja no podía ser más clara: "yo creo, amigas y amigos –continuó inspirado el político michoacano–, que a nosotros nos toca, también, enfrentar los desafíos de nuestro tiempo" que, desde luego, tienen que ver con "el embate virulento, feroz, estúpido, irracional, de la delincuencia organizada, con su violencia y su agresión a la sociedad y a los mexicanos más vulnerables". Y remató recordando con emoción las palabras que Zaragoza dirigió a su ejército antes de enfrentarse a los "petulantes" franceses: "Soldados, hoy vais a pelear por un objeto sagrado, vais a pelear por la patria". Morelos también le dio pie para insistir en la justicia de "su" gue-

[23] Presidencia de la República, "Jornada ciudadana por la seguridad y la justicia", 14 de octubre de 2011; Presidencia de la República, "Ceremonia conmemorativa del día internacional de la lucha contra el uso indebido y el tráfico ilícito de drogas", 27 de junio de 2011; Presidencia de la República, "XXV Sesión del Consejo Nacional de Seguridad pública", 28 de noviembre de 2008.

[24] Presidencia de la República, "Jornada ciudadana por la seguridad y la justicia", 14 de octubre de 2011.

rra: "Luché contra el crimen con alma y corazón para defender la libertad, la propiedad, la integridad y la vida frente a las amenazas de los criminales".[25]

Así, en los cientos de alusiones de Calderón a la lucha emprendida contra el crimen organizado, es evidente su empeño por convencer al público de que su causa es justa. En ocasiones fue evidente su enojo y crispación con los interlocutores que no aceptaban sumisamente la bondad de sus razones y, por ende, sus decisiones y les atribuyó la intención de pactar con el crimen o bien de no combatirlo. Nuevamente, se trataba de un recurso meramente retórico pues nadie razonablemente cuerdo y bien intencionado puede estar convencido de que dejar al crimen actuar sin freno es una salida posible; no es casual que esta acusación nunca haya sido acompañada de un indicio de nombre o señas personales. El propio Javier Sicilia, acérrimo crítico de la estrategia presidencial, invita a combatir la impunidad y el crimen –del cual es una víctima más–, pero no con más violencia.

En efecto, la inconformidad con la guerra de Calderón no fue, en la mayoría de los casos, producto de la necedad o de la miopía, sino de la percepción de que la defensa a ultranza de causas inapelables desde un punto de vista moral resulta, paradójicamente, un riesgo para la salud pública. Desde luego que poner un límite al crimen organizado y castigar a quienes infringen la ley, recuperar los espacios públicos y la tranquilidad son fines altamente valorados por cualquier comunidad y es deber del Estado hacer por que prevalezcan. Pero no son éstas las únicas causas justas, sobre todo si el precio que se paga es una guerra que ha dejado miles de muertos y en la que han quedado seriamente comprometidos los derechos ciudadanos. El empeño del primer mandatario en acabar con el crimen organizado –su causa justa– fue vano, dado el carácter globalizado del mismo, pero considerar posible esa meta lo llevó a no ver las consecuencias negativas de su guerra; además del número de muertes –muchas de ellas de inocentes–, no es menor el retroceso en el ám-

---

[25] Presidencia de la República, "Puebla, orgullo de México", 5 de mayo de 2012; "Ceremonia para conmemorar el aniversario del natalicio de José María Morelos y Pavón", *El Universal*, en línea, 30 de septiembre de 2012.

bito de la justicia, la que debe normar y regular las relaciones entre los individuos y la de éstos con el Estado en el día a día.

Esta postura crítica –principalmente de especialistas en el tema del combate a las mafias,[26] así como de académicos de diversas universidades del país– ha sido calificada por los defensores de la estrategia oficial de "pacifismo populista" sustentado en mitos[27] acerca de la guerra contra el narco. Aquí algunos ejemplos de esos mitos: había que postergar la decisión de combatir el crimen con el ejército, era prioritario "limpiar la casa"; en lugar de combatir, hay que prevenir; se debe dar más importancia al trabajo de inteligencia; habría que negociar un acuerdo o tregua; debería perseguirse sólo a los cárteles más violentos (léase los Zetas); emplear las tácticas disuasivas que ha empleado Estados Unidos (es la tesis de Mark Kleiman); combatir los delitos, no el negocio de las drogas; legalizar las drogas; la fragmentación de cárteles ha sido un error;[28] la corrupción ha alcanzado a todas las corporaciones y todos los niveles.

En respuesta a éstos, se postulan cinco verdades insoslayables de la lucha contra el crimen: 1) la inevitabilidad de la violencia cuando se emprende una lucha semejante; es ingenuo pensar que se puede llevar a cabo sin derramar sangre o bien que por medios pacíficos se puede convencer a las mafias de abandonar su actividad; 2) llevará un tiempo considerable tomar el control nuevamente; 3) no existe salida fácil ni solución rápida; 4) la violencia del crimen organizado no tiene un culpable; es el resultado de un complejo proceso histórico; 5) la reducción de la violencia sólo se podrá conseguir si

[26] Edgardo Buscaglia, profesor del departamento de Derecho del ITAM, presidente del Instituto de Acción Ciudadana, ha señalado que México está viviendo uno de los episodios de conflicto armado más importantes de la región norte del país en los últimos tiempos, que involucre a actores estatales y no estatales (mayo de 2012). Véase la página electrónica de CNN en español.

[27] Villalobos, "Doce mitos de la guerra contra el narco", 2010; Villalobos, "Nuevos mitos de la guerra contra el narco", 2012. Nos referimos aquí sólo a los que Villalobos menciona en este último artículo.

[28] Ésta llegó a su punto culminante en 2011 con el abatimiento de Arturo Beltrán Leyva e Ignacio Coronel, multiplicando la violencia a nivel local. Guerrero Gutiérrez, "La estrategia fallida", 2012.

se hace un esfuerzo por corregir el estado de cosas en dos aspectos principalmente: "el fortalecimiento y la transformación profunda de las instituciones de seguridad y justicia, y un cambio de los ciudadanos en cuanto al valor que deben otorgarle a la ley y el orden en una sociedad democrática".[29] Cualquiera estaría de acuerdo con lo expresado en la última recomendación. En efecto, es tarea del Estado combatir al crimen organizado; él es el garante de la seguridad de los ciudadanos. También es cierto que este ente político es el propietario de la violencia legítima para combatir la violencia ilegítima. Por lo tanto, no puede suponerse que esto pueda conseguirlo un Estado debilitado en las partes medulares del combate al crimen, a saber: aparato de seguridad y de justicia. Pero por otra parte se afirma que no hay otro camino para combatir el crimen organizado que enfrentarlo con toda la fuerza del Estado. ¿Cómo podrían cumplirse ambos requisitos siendo México un país que adolece de debilidad institucional?

Además, no es verdad que del hecho de que el Estado detente el uso de la fuerza legítima se siga que puede usarla ilimitadamente cuando trata de defenderse, sobre todo si hablamos de un Estado democrático. Hay un límite que no puede ignorarse para la fuerza que debe ser empleada para enfrentar situaciones críticas. Desde luego que este umbral es traspasable si, por ejemplo, está en peligro la soberanía nacional, en cuyo caso es legítimo emprender una guerra defensiva. En el caso de la guerra contra la delincuencia organizada estamos hablando de una batalla emprendida contra un enemigo interno; éstas suelen ser las más peligrosas para la salud del propio Estado, porque se desdibujan fronteras difíciles de recuperar una vez que termina el período de conflicto, que puede ser muy prolongado (vr. gr. Colombia). Si bien se trata de guerras en donde no se combate todo el tiempo en los mismos lugares, lo que se instala poco a poco, silencioso pero imparable, es un *estado de guerra*, esto es, una situación generalizada en la cual se diluyen los derechos aun cuando no se haya declarado un estado de excepción; la sola presencia de los militares en las calles, de los retenes en las carreteras, de los operativos de la policía federal que

---

[29] Villalobos, "Nuevos mitos de la guerra contra el narco", 2012.

pueden ocurrir en cualquier sitio sin aviso previo (se trata, finalmente, de "sorprender al enemigo") hace de la vida cotidiana un
constante sobresalto: "La normalidad ha sido desplazada en virtud
de la emergencia, por un estado de cosas excepcional que conduce a la violencia como única respuesta a un problema de violencia
criminal".[30]

Tal y como argumenta Pedro Salazar, en México se ha instalado
un estado de excepción *de facto*, esto es, sin mediar una declarato-
ria basada en la Constitución (artículo 29), la cual tiene contem-
plada esa posibilidad cuando se trata de una emergencia nacional.
Aunque la tentación no ha faltado, pues siempre hay voces autori-
tarias, no se ha echado mano de ese recurso en otras circunstancias
igualmente graves, tales como el sismo de 1985 o el levantamiento
del EZLN. Señala también algo que resulta fundamental: el mayor
problema del estado de excepción, sobre todo si es *de facto* y no *de
jure*, es la laxitud con la cual se puede obrar en él, y su duración
del mismo. Como sugiere el término "excepción", la suspensión de
ciertas garantías cuando se echa mano de ese recurso no puede ser
permanente; no es extraño sin embargo –la historia está plagada de
casos– que esa situación excepcional se convierta en "normal". Al
respecto, la ambigüedad mostrada por la administración federal fue
preocupante. Por una parte quiso convencernos de que su batalla
contra el crimen organizado no era una guerra (desde luego no es
lo más atractivo mediáticamente para un gobierno que se asumía
humanista y democrático), porque se trató de una estrategia "de largo aliento" que no sólo intentaba derrotar al narco, sino devolverle
a la sociedad mexicana la seguridad con la cual vivía varias décadas
atrás. Pero en ese empeño empleó una estrategia, básicamente conforme a los códigos de una guerra interna –incluso de guerra sucia–,
con escasos resultados en el rubro de la seguridad y, por otra parte,
con un impacto mayúsculo en la ruptura del orden social (así fuera
precario antes de la guerra) y de las normas mínimas de convivencia. Una estrategia en la cual –como suele suceder– las capas más
afectadas de la sociedad son las de bajos recursos, las de escasa educación, las menos preparadas para enfrentarse al espejismo de la ri-

---

[30] Salazar Ugarte, *Crítica de la mano dura*, p. 53.

queza fácil por vía del negocio sucio, todo lo cual "puede traducirse en un contexto de explotación impune".[31]

A siete años de iniciada la guerra contra los cárteles de la droga y las consecuencias de ésta, resulta difícil –y en algún sentido inútil– especular acerca de qué tan distinta sería la situación actual si se hubiera adoptado otra estrategia.

No obstante, parece razonable pensar que –contra la versión oficial y sus teóricos– el incremento exponencial de la violencia en algunos estados de la república no necesariamente refuerza la idea de que esta guerra se va ganando, mucho menos, que el baño de sangre era inevitable. En este sentido, el estado de guerra que prevalece en ciudades y regiones del país es incompatible con una guerra supuestamente justa, como la concibió el propio Calderón.

Volvamos pues sobre nuestros pasos hacia los principios de la guerra justa. Dijimos, y se ofrecieron argumentos a favor de esta idea, que Calderón consideraba una causa justa el combate a las mafias del crimen organizado; su objetivo era erradicar el mal; él mismo identificó el problema del narco con un cáncer ("Se trata de un problema, amigos, que se vino gestando a lo largo de décadas y que nos está mostrando su verdadero rostro, un rostro de violencia, un rostro de maldad, que México no había visto en mucho tiempo").[32] Y, sin duda, también pensaba que satisfacía el requisito de la intención correcta: instaurar la paz, fortalecer las instituciones de seguridad y justicia, recuperar los valores perdidos para desde ahí transformar a la sociedad.

Aun concediéndole la razón en estos puntos, no resulta sencillo hacerlo en lo concerniente al principio de "autoridad competente". Desde aquel 6 de diciembre del 2006, no cesaron las voces que criticaban y denunciaban el carácter unilateral y "discreto" –por decir lo menos– de la decisión tomada por el primer mandatario; incluso algunos la consideraron una decisión anticonstitucional: siendo comandante en jefe de las fuerzas armadas "no cubrió las formas", y como representante del Poder Ejecutivo debió respetar la soberanía

31 Ibid., pp. 105, 71.
32 Presidencia de la República, "Fragmento del mensaje del presidente Felipe Calderón por el 5° año de gobierno", 4 de diciembre de 2011.

de estados y municipios; "el desplazamiento de las fuerzas armadas requería de una solicitud oficial del gobernador, sancionada por el congreso local", sin embargo, en muchos casos, "como fue evidente en Guerrero, esto no se cumplió".[33]

Para superar esas críticas, el político michoacano emprendió diversas acciones jurídicas y operativas –decretos, proyectos de una ley de seguridad nacional, conformación de nuevos cuerpos militares y policíacos con un solo mando– pero, sobre todo, confirió al ejército y a la policía federal un papel preponderante en su gobierno, además de un abultadísimo presupuesto. Se cuadruplicó su gasto, en tanto que el del sector salud, a cargo de las adicciones, no mejoró. Paradójicamente, estas acciones colocaron a las fuerzas armadas en una situación muy vulnerable, en especial en lo referente a la cuestión de los derechos humanos.[34] Este aspecto de la guerra contra el crimen organizado es el flanco más objetable de la estrategia, y lo es porque ya son decenas de miles los muertos y cientos de miles los afectados por esas muertes, la mayoría de ellas evitables, inútiles, injustificables. Tocaremos el tema a partir de los principios de proporción y discriminación: las así llamadas "leyes de la guerra" en el marco de la doctrina de la guerra justa (la parte correspondiente a *in bello*).

No les falta razón a los realistas cuando afirman que en la guerra es inevitable el derramamiento de sangre. En efecto, cualquier guerra supone, para enfrentar al enemigo, el empleo de armas cada vez más letales y destructivas. Pero también es cierto que en las guerras lícitas o "justas" no se permite todo, menos aún si participa un ejército regular. En todos los códigos referidos a las acciones de guerra, desde los más antiguos hasta los que conforman hoy el derecho humanitario, existen principios de contención, es decir, límites que no deben traspasarse, al margen de la intensidad de la guerra. Es así que el principio de proporcionalidad apunta al imperativo de usar sólo la fuerza y las armas necesarias (proporcionales) a los objetivos

[33] Rodríguez Castañeda, *Los generales*, p. 28.
[34] Guerrero Gutiérrez, "La estrategia fallida", 2012; Madrazo y Guerrero, "Más caro el caldo que las albóndigas", 2012; Rodríguez Castañeda, *Los generales*, pp. 71 y ss.

que se quieren conseguir. Por otra parte, el principio de discriminación se refiere a la obligación de respetar la vida y los bienes de los no combatientes, esto es, de los civiles. La finalidad del principio de proporcionalidad es evitar el sufrimiento innecesario, la mortandad inútil; no involucrar a los inocentes en la violencia natural de la guerra es el propósito del segundo principio. Ninguno de éstos se respetó. Tan no fue así, que en la siguiente administración, el responsable de Derechos Humanos del gobierno federal, el también panista Ricardo García Cervantes, admitió que, actualmente, hay una "'grave crisis humanitaria'" a consecuencia "de una política que se orientó unilateralmente a combatir los grupos criminales sin una visión integral".[35]

Tergiversado por "el presidente del empleo", el principio de proporcionalidad se interpretó como "más violencia para combatir la violencia". Si los delincuentes usan armas cada vez más mortíferas, pues se les combatirá con otras aún más letales. En una memorable declaración se refirió a su deseo de poseer todos "esos juguetes" con los cuales combaten los héroes de las películas de acción holliwoodense. Pero incrementar la violencia al nivel de la "guerra absoluta" no siempre es lo más racional, según el gran clásico de la guerra. Hay casos en la historia en donde la "suma cero" funcionó, esto es, rivales con el mismo poder destructivo fueron llevados a la parálisis por estar conscientes de que ninguno saldría vencedor; léase Estados Unidos y la Unión Soviética durante la Guerra Fría. Pero es claro que esto no se cumple en la guerra entre un ejército regular y bandas del crimen que operan de manera distinta cada una.[36]

---

[35] "Faltó visión integral para combatir el crimen, dice García Cervantes", *La Jornada*, 10 de abril de 2013.

[36] Mientras el Cártel del Pacífico –como antes los del Golfo y Juárez– es una organización centrada fundamentalmente en el tráfico de drogas a gran escala y, por lo tanto, no gusta de llamar la atención involucrándose en otro tipo de delitos que pueden ser perseguidos de oficio, los Zetas no son un cártel convencional: su actividad más importante consiste en apoderarse del territorio corrompiendo o eliminando a las autoridades con el fin de facilitar y asegurar el trasiego de droga. Por un tiempo los Zetas estuvieron al servicio del Cártel del Golfo, pero de unos años para acá se convirtieron en una organización independiente dedicada a la extorsión, la venta de piso,

Vale la pena resaltar un aspecto de la desproporcionalidad de la guerra: como ya se ha dicho, en ninguno de los anteriores sexenios se había dado al ejército tanta importancia ni tanto presupuesto como en el calderonista. Desde su lógica tenía sentido en vista del combate emprendido contra las mafias del crimen organizado y, sin embargo, los resultados son francamente pobres –cuando no contraproducentes–, si suponemos que debían consistir en desaparecer a las mafias, alejar las drogas de actuales y posibles consumidores y recuperar la seguridad en las comunidades. Después de siete años, en ninguno de estos rubros se ve un avance significativo según estadísticas recientes.[37] Se nos dice que estos resultados sólo se verán en un lapso mucho mayor (algunos calculan 10 años), pero aun cuando aceptáramos provisionalmente la tesis, ¿se supone que el ejército habrá de permanecer en las calles todo ese tiempo? O bien ¿será una policía especialmente creada y entrenada la que ocupará el lugar de los militares? ¿Cómo reaccionará un ejército desgastado y además desplazado? Muchas otras interrogantes se abren paso una vez que se problematiza la estrategia fundamentalmente militar elegida por el gobierno en turno para enfrentar el problema del narcotráfico.

Así pues, a la luz de la situación actual, la estrategia resultó incorrecta porque su objetivo no fue claro: ¿se trataba sólo de hacer retroceder a las mafias mostrando todo el poderío de la fuerza militar o bien de acabar con ellas? Por otra parte, no es descabellado suponer que con la militarización de ciertas regiones había la intención de combatir más fácilmente la insurrección social. El recuerdo de lo ocurrido en Oaxaca estaba todavía fresco. ¿Cómo entonces aplicar el principio de proporcionalidad a una guerra si no se tiene claro el

la mercancía prohibida, la trata de personas y también la captura de mano de obra para trabajo esclavo en el cultivo de droga o bien para el sicariato. Véase Osorno, *La guerra de los Zetas*, 2012.

[37] Sobre el aumento de la violencia del 2007 a la fecha véase Aguilar y Castañeda, *Los saldos del narco*, pp. 67-73. Por otra parte, la nueva Encuesta Nacional de Adicciones (ENA) reveló que se triplicó el consumo de mariguana entre hombres y mujeres, mientras la cocaína creció al doble entre las mujeres jóvenes. No obstante, la tendencia general es hacia la estabilización. "Se duplicó el número de jóvenes drogadictos en 10 años: ENA", *La Jornada*, 31 de octubre de 2012.

propósito que se persigue? El resultado es que son cientos –si no es que miles– los casos en los cuales se han cometido abusos por parte de las fuerzas armadas, casos en los cuales los soldados, no preparados para librar esta guerra, se han comportado con la misma crueldad que los delincuentes a los cuales persiguen.[38] Peor aún: estos abusos y crímenes en contadas ocasiones han sido reconocidos por parte de los altos mandos; el manto de opacidad con el cual se cubren las acciones del ejército es todavía muy denso, como acabamos de ver en Tlatlaya, Estado de México.

La imposibilidad –por lo menos hasta hoy– de fijar criterios claros de proporcionalidad entre los objetivos y los medios de la guerra ha tenido penosas consecuencias con relación a los derechos humanos y los derechos civiles, parte de los cuales están contenidos en el principio de discriminación entre combatientes y no combatientes. Veamos.

"Cada rincón de la geografía nacional recuerda sus propias tragedias". En mayor o menor medida, la violencia de esta guerra alcanzó a buena parte de las entidades federativas. Todas ellas tienen una historia terrible que relatar, aunque también es cierto que la violencia se ha ensañado con algunas regiones norteñas: Chihuahua, Sinaloa, Tamaulipas, Nuevo León. La primera masacre, al menos la primera registrada, se dio en Creel en tiempos del gobernador José Reyes Baeza; corría el año de 2008. A los muertos de esa sangrienta jornada sus coterráneos los llaman "mártires" porque, en efecto, se trató de víctimas inocentes que se atravesaron en el camino de la "caravana de la muerte". No hacía mucho que los narcos rondaban esa turística región chihuahuense, pero nadie esperaba que los encargados de la seguridad abdicaran de sus funciones y dejaran a su suerte al grupo de jóvenes reunidos después de una carrera de caballos en una bodega "donde descalzos jugaban carreras".[39]

Tal vez la furia de los criminales por no dar con quienes estaban buscando sólo halló cierto desquite disparando a mansalva. Las ma-

---

[38] Para una fundamentación teórica acerca de la pertinencia del término *crueldad* para designar la violencia contemporánea, véase Balibar, *Violencias, identidades y civilidad*, p. 109.

[39] Turati, *Fuego cruzado*, pp. 63, 130.

dres de dos de estos "mártires de Creel", luchadoras incansables en pro de la justicia para todas las familias destrozadas a raíz de la masacre, afirman con razón que esta tragedia fue decisiva en el rumbo de la guerra. Si se hubiera hecho justicia de forma expedita, dado con los homicidas y aplicado un castigo acorde con la ley a éstos y a los policías y funcionarios –incluyendo al gobernador– involucrados en el ominoso evento, se habría mandado un mensaje claro y directo a los cárteles y a todos los demás delincuentes que a la sombra del narco operan tranquilamente. Pero la impunidad reinante en el país ha malbaratado el precio de los crímenes y los abusos cometidos incluso por las propias autoridades.

"Daños colaterales"

Recuperamos el principio de contención presente en los códigos y en la doctrina de la guerra justa, que se refiere a la discriminación entre combatientes y no combatientes, con el fin de proseguir con el examen de los saldos de la guerra iniciado en el bloque anterior. Tal principio establece como imperativo moral el respeto a la vida de quienes no están involucrados directamente en la guerra y obliga a darles un trato digno. Desde luego, es necesario reconocer que hay cierta dificultad para establecer en la práctica hasta dónde la población civil está o no involucrada en un conflicto de esta naturaleza. No obstante, el principio debe mantenerse, porque fuera de cierta zona de indefinición es útil y pertinente en la mayoría de los casos. Más aún, este principio se ha ido fortaleciendo junto con el derecho humanitario que también pretende evitar el sufrimiento innecesario en los conflictos armados. Y nuevamente, respondiendo a las posibles voces provenientes del realismo militar, debemos defender la idea de que en la guerra, sea esta externa o interna, regular o irregular, no todo debe ser admitido; justamente porque se trata de una actividad en la cual lo natural es que escalen la violencia y la barbarie, hay la obligación de establecer límites. No se trata de "humanizar" la guerra, sino de evitar su "deshumanización".

Una constante en la estrategia de comunicación de la Presidencia de la República fue a toda costa rebajar la gravedad y los saldos de la lucha contra el narcotráfico para evitar los costos políticos y proteger la imagen presidencial. Desdiciéndose de inmediato de su primera declaración, Felipe Calderón afirmó en ocasiones subsecuentes que su batalla no era una "guerra", y también dijo que no era sólo contra el narco, sino una estrategia más integral para recuperar la seguridad de las familias mexicanas. En este intento, sus voceros adoptaron el manido eufemismo de "daños colaterales" para referirse a los altísimos costos de la guerra, irritando con ello aún más a las miles de víctimas que durante los primeros cuatro años de su mandato simplemente no existieron, y sólo se hicieron visibles gracias a la iniciativa del Movimiento de la Paz con Justicia y Dignidad (MPJD) encabezado por el poeta Sicilia.

Pero no se trató únicamente de un eufemismo y un lugar común, sino de un vano intento por encubrir tanto la cantidad como la siniestra variedad de los crímenes cometidos. Porque, en efecto, no son "daños" sino *muertes* –de civiles, de soldados y de sicarios– no investigadas ni registradas, y no son "colaterales" porque muchas de ellas se han cometido con toda intención (tanto por parte de los criminales como de parte de los que los combaten). Además, aquí no sólo tenemos muertos, sino también desaparecidos, levantados y desplazados. Éste, el más oscuro capítulo de la guerra fallida, ha sido inexplicablemente dejado de lado en el análisis de algunos autores, por considerarlo sólo propio de especialistas, como si los demás aspectos de la guerra no lo fueran.[40] Nos parece indispensable ocuparnos aquí del tema porque consideramos que una reflexión seria acerca de la guerra en la que el país se desangra no puede soslayarlo.

Pocas cosas resultan hoy tan atemorizantes como transitar por alguna carretera y toparse con un retén militar que revisa los autos en busca de droga y armas. El temor no es gratuito. Uno de los casos que más conmovieron e indignaron a la sociedad mexicana (que dicho sea de paso, es la mejor para indignarse y la peor para pasar a la acción colectiva) ocurrió en una carretera de la zona serrana sinaloense. Adán Abel Esparza Parra transitaba en su camioneta con su mujer, su cuñada, la maestra de sus hijos y cuatro niños, ninguno mayor de siete años. Cerca de llegar a su casa pasaron por el retén

---

40 Véase, por ejemplo, Aguilar y Castañeda, *El narco*, p. 15.

pero, sea porque no lo vieron o bien porque no entendieron la señal, continuaron unos metros más cuando fueron alcanzados por las ráfagas. Herido de las manos y del cuerpo, Adán Abel salió de la *pick up* gritando para alertar al retén de su equivocación, pero no pudo evitar que el vehículo, ya fuera de control, se desbarrancara. Murieron su esposa y dos de las niñas; heridos, sobrevivieron los varones, la maestra y la cuñada. Su calvario no terminó ahí. Tardaron toda la noche en llegar a un hospital, a pesar de que se dio aviso inmediato a los superiores de los soldados del retén de la confusión y de sus terribles consecuencias. La demora con la que actuaron los militares no puede ser juzgada como involuntaria. "Los guachos andaban todos drogados y tomados, por eso dijeron que mis parientes traían armas, mota y dinero, y que por eso los mataron." Esta versión después fue confirmada por el soldado de caballería Guillermo Alejandro Velasco.[41]

Casos como el de Adán abundan. Es conocido también el de los muchachos de Badiraguato, en el 2007; por ser la tierra del *Chapo* Guzmán, todo joven que viaja en camioneta acompañado de otros corre el peligro de ser tomado por "narcojunior" o, de perdida, sicario de cierto rango. En esa ocasión los amigos (Manuel, Zenón, Wilfredo y tres más) se dirigían a una fiesta de quince años. La Hummer en la que viajaban fue alcanzada por un camión militar desde el cual les dispararon provocando el terrible accidente. Más tarde los militares confesaban entre ellos que "la habían cagado" porque los muchachos no llevaban armas.

Un caso más que sí logró poner en entredicho a la autoridades militares fue el de los pequeños Martín y Brayan Almanza Salazar (de nueve y cinco años, respectivamente), de Ciudad Mier, Tamaulipas, que regresaban de la playa un 3 de abril del 2010 con sus padres, tres hermanas, sus tíos y dos primos, uno de meses y otro de seis años. Siguiendo el mismo patrón de una tragedia absurda, fueron atacados por el retén sin motivo alguno; de hecho, los soldados habían respondido al saludo de los niños que venían en la parte trasera de la camioneta. El saldo: Martín y Brayan murieron por varias heridas de bala y esquirlas. Días más tarde, lo que acaparó la atención de la

[41] Almazán, "La tropa loca", p. 126.

prensa no fue tanto el dolor de la familia, como la disputa entre la CNDH, que acusaba de la tragedia a los soldados –supuestamente sin pruebas suficientes–, y los militares, que defendían la increíble versión de que el retén había respondido al fuego proveniente de algún miembro de la familia de los pequeños asesinados.[42] Quienes tuvieron la oportunidad de someterse a la ley reiteradamente fueron víctimas de un aparato de justicia inoperante y corrupto en todos sus niveles: municipal, estatal y federal. Los delincuentes o son asesinados o son detenidos, pero sin que se les siga el debido proceso: se les presenta ante los medios como responsables antes de que un juez dictamine su estatus jurídico. Además, muchos son más tarde liberados por falta de pruebas, y si permanecen en los tutelares y cárceles, entran en un limbo jurídico interminable.[43]

La mayoría de las muertes violentas tampoco son investigadas. Peor aún, se han descubierto fosas clandestinas repletas de cadáveres, a veces reconocibles sólo por un trozo de ropa. Parte de la estrategia parece estar dirigida a "dejar hacer", sobre todo, si se refiere a las matanzas "entre narcos". Resultado de sus venganzas son los montones de cuerpos que aparecen eventualmente en carreteras y despoblados, pero también en avenidas transitadas, como sucedió en Guadalajara a unos pocos metros de donde se llevaría a cabo la Feria Internacional del Libro de 2011. O en Veracruz, cuando en ese puerto se reunían procuradores de la República con el flamante gobernador y fueron avisados del macabro descubrimiento en un moderno paso a desnivel.[44]

---

[42] Reconstruimos los tres casos a partir del relato de Turati, *Fuego cruzado*, pp. 73 y ss.

[43] "De cada tres narcos detenidos, sólo uno es sentenciado", reporta la propia PGR. "En cinco años hubo 3 mil 432 detenidos acusados por tráfico de drogas, de quienes mil 17 recibieron un veredicto y el resto espera aún en la cárcel […] La PGR señaló en su Informe de Rendición de Cuentas de 2011, que (para destrabar el sistema de justicia) a lo largo del sexenio implementó 12 protocolos de actuación ministerial en la averiguación previa para unificar criterios y evitar la discrecionalidad en los casos que estén relacionados con el crimen organizado", *Milenio*, 16 de septiembre de 2012.

[44] *Milenio*, en línea, 24 de noviembre de 2011; CNN *México*, 20 de septiembre de 2012.

La pregunta obligada aquí es: ¿en qué momento se aplicarán las normas del derecho internacional para este tipo de conflictos y sus efectos? Y no puede uno dejar de pensar que una de las razones por las cuales se empeña el gobierno federal en negar la guerra es que con ello evita aplicar las leyes de la guerra, esto es, los principios de contención establecidos en las convenciones de Ginebra. Por ello fue muy poco alentadora la declaración del jefe nato del ejército poco antes de abandonar la Presidencia de la República: "Los homicidios en el país, todos ellos lamentables, y en especial los de personas inocentes, son causados por la acción de la delincuencia y la criminalidad".[45]

Uno de los efectos más perversos de esta batalla sin reglas es el de los desaparecidos. Como si en México se hubiera vuelto a los años de la guerra sucia, hoy el número de personas desaparecidas crece de manera alarmante. Con razón Javier Sicilia señaló que "un Estado que no puede saber dónde están 30,000 de sus ciudadanos es un Estado que no merece llamarse Estado". La complejidad de esta nueva guerra hace difícil –si no es que imposible– determinar con certeza cuántos son, y las variadas causas por las cuales se les levanta, rapta o secuestra.[46] No obstante, hay indicios que permiten arribar a algunas conclusiones.

La rivalidad entre cárteles lleva a secuestrar y ejecutar a quienes éstos consideran soplones y traidores; este tipo de "levantones" se incrementan cuando las plazas se "calientan" por la presencia del ejército, la marina o la policía federal. Desde luego, los métodos empleados por los sicarios distan mucho de ser quirúrgicos; si creen

[45] "Muerte de civiles en sexenio, culpa del crimen: FCH", *El Universal*, en línea, 6 de noviembre de 2012.

[46] Inés Santaeulalia, "Un Estado que ignora dónde están 30,000 ciudadanos no es un Estado", *El País*, en línea, 1 de agosto de 2013. Un registro preliminar plagado de inconsistencias consigna 25,276 desaparecidos para todo el sexenio calderonista. Las diez entidades con más desapariciones fueron el Distrito Federal, Jalisco, el Estado de México, Tamaulipas, Sinaloa, Guanajuato, Aguascalientes, Quintana Roo, Nuevo León y Durango. Predominan los estudiantes en esta lista. Anabel Hernández, "Los que se esfumaron", *Proceso*, 30 de diciembre de 2012; Marcela Turati, "Desaparecidos: las listas caóticas", *Proceso*, 10 de marzo de 2013; García, "Factorías del crimen", p. 359.

haber localizado a su objetivo llegan a fuego de metralla sin importar quien queda en el camino. En muchas ocasiones los "levantados" son "falsos", lo que justifica desaparecerlos. Tampoco se salvan los propios policías de ser secuestrados sin dejar rastro. En los cerros regiomontanos, las favelas del noreste mexicano, se secuestran jovencitas para explotarlas sexualmente; no es extraño que también se lleven a los varones. A las familias que buscan insistentemente a sus hijas o hijos, después del inútil peregrinar, en ocasiones les han devuelto algunos restos supuestamente de la víctima, con el fin de "dar carpetazo" al asunto. Es el caso de Juana Solís Barrios, a quien la Procuraduría de Justicia de Nuevo León le dijo que ya había encontrado a su hija, Brenda Damaris, desparecida en julio de 2011. "Está muerta, la encontramos hace un año, pero hasta ahora tenemos las pruebas del ADN."[47]

Más graves aún son los casos en los cuales las fuerzas del orden son las responsables de la desaparición de las personas, como sucedió con los primos Rocío Irene Alvarado Reyes, Nitza Paola Alvarado Espinoza y José Ángel Alvarado Herrera, levantados en el ejido Benito Juárez (municipio de Buenaventura, Chihuahua), en diciembre de 2009, cuando se disponían a reunirse con sus familiares por las fiestas de fin de año. Hasta hoy no los han podido localizar; sin embargo, una de las jóvenes logró comunicarse dos meses después desde un celular y dijo estar en un campo militar. De inmediato le arrebataron el teléfono. Aunque la Secretaría de la Defensa ha reconocido la participación de elementos castrenses, admite que el expediente está "sin avances en la delegación de la PGR en Ciudad Juárez, Chihuahua".[48]

De los 249 casos de desapariciones forzadas documentadas a principios de 2013 por Human Rights Watch, en 149 (60%) intervinieron funcionarios públicos o miembros de las fuerzas de seguridad. En los espeluznantes relatos de las familias de las víctimas no sólo

[47] Sanjuana Martínez, "En México no existe un banco nacional de datos para cruzar pruebas de ADN con los más de 10 mil cadáveres sin identificar que hay en el país", *La Jornada*, 14 de octubre de 2012.

[48] "Sin avances, caso sobre desaparecidos, pese a que SEDENA acepta responsabilidades", *La Jornada*, 15 de octubre 2012.

preocupa que los agentes del Estado violen las garantías de las personas con detenciones arbitrarias, al no turnarlas ante las autoridades competentes o cancelarles el derecho a un debido proceso (tan publicitado recientemente por el amparo directo otorgado por la SCJN a Florence Cassez), sino verdaderamente aterra que, como señala el informe:

> En otros casos, hay pruebas de que policías o militares entregaron personas a organizaciones delictivas luego de detenerlas ilegalmente, o bien efectuaron las detenciones con la colaboración de hombres armados, y posteriormente negaron haber tenido participación en el delito. A veces la colaboración entre las autoridades se produjo después de las detenciones arbitrarias, cuando agentes del Estado ayudaron a que organizaciones delictivas extorsionaran a familiares de las víctimas.[49]

No obstante, según señala Human Rights Watch, Calderón siempre negó "con arrogancia incalificable" que las fuerzas de seguridad participaran en estos delitos.[50]

El caso más dramático hasta ahora registrado es el de los muertos del valle de San Fernando. En agosto de 2010, elementos de la armada hallaron 72 cuerpos en un rancho de esa región tamaulipeca, hoy tristemente famosa. Después se reveló que se trataba de migrantes que viajaban hacia la frontera con el anhelo de cruzar al otro lado y enrolarse en algún trabajo. Éste fue, sin embargo, el preludio del horror: menos de un año después se hallaron 145 cadáveres en doce fosas clandestinas, aunque se cree que podrían ser más. El relato de alguno de los sobrevivientes de ese infierno –cómo los detuvieron a la salida del pueblo de San Fernando, cómo los bajaron, torturaron, vejaron y, finalmente, mataron a sangre fría– sólo es comparable a las historias más crueles del nazismo. También se han encontrado fosas clandestinas en otros estados del llamado "triángulo dorado" (Sinaloa, Durango y Nuevo León). Y, más recientemente, se ha do-

---

[49] Human Rights Watch, *Los desaparecidos de México*, p. 19.
[50] "Exigen al gobierno diseñar plan para encontrar a desaparecidos", *La Jornada*, 23 de febrero de 2013.

cumentado la existencia de cuando menos 15 "centros de procesamiento" en distintos puntos del país.[51] Uno de los tétricos relatos de *El Pozolero* describe la técnica para desaparecer los restos mortales de las víctimas, un ejemplo vernáculo de la "banalidad del mal": "Aprendí a hacer pozole con una pierna de res la cual puse en una cubeta y le eché un líquido y se deshizo; los cuerpos que me daban para pozolear me los daban ya muertos, y los metía completos en los tambos y les vaciaba 40 o 50 kilos de polvo que compraba en una ferretería [...] me ayudaban unos chavos". En igual forma, el gobierno federal ha cremado los cuerpos de las víctimas, desapareciendo toda evidencia. Para colmo, el 97% de los muertos sin identificar se depositan en la fosa común, cerrando la puerta a cualquier investigación.[52]

Y vuelve la pregunta ¿por qué nadie apela a las normas de contención ni se hacen advertencias serias desde las instancias internacionales de derechos humanos? Estas muertes no cuentan para los asesinos, eso es una obviedad, pero ¿tampoco cuentan para los gobiernos? Sabemos ahora que en esas fosas clandestinas hay guatemaltecos, salvadoreños, hondureños... así como connacionales, todos hermanados por un destino injusto e inmerecido y, sin embargo, el interés de los gobiernos por saber quiénes son, cómo murieron, cómo se puede compensar a las familias ya sea repatriando los restos o bien hallando a los que han logrado escapar del horror y andan por ahí buscando la manera de regresar a sus casas, ha sido, por decir lo menos, insuficiente. Hasta el momento, se han encontrado alrededor de 400 fosas clandestinas con más de 4 mil cadáveres a lo largo del país.[53]

---

[51] Marcela Turati, "A la luz los secretos de las matanzas de Tamaulipas", *Proceso*, 3 de noviembre de 2013; Víctor Hugo Michel, "Los borrados del narco", *Milenio*, en línea, 12 de noviembre de 2012; Marcela Turati, "No nos dio tiempo de encontrarlos", *Proceso*, 25 de noviembre de 2012; Marcela Turati, "Las evidencias se vuelven humo", *Proceso*, 23 de diciembre de 2012.

[52] Marcela Turati, "En busca de las víctimas de *El Pozolero*", *Proceso*, 17 de diciembre de 2011; "Los cuerpos sin identificar suponen actos de encubrimiento: activistas", *La Jornada*, 3 de enero de 2013; "Localizan tercera fosa de 'El Pozolero' en Tijuana", *El Universal*, en línea, 9 de abril de 2013.

[53] "En ocho años se han localizado 400 fosas clandestinas con más de 4 mil víctimas", *La Jornada*, 14 de febrero de 2014.

Como sucede en otros casos, son las propias familias de los desaparecidos y las organizaciones de la sociedad civil las que se han movilizado para señalar esta otra cara de la tragedia provocada por la guerra. En efecto, por varios años ya el grupo de Madres Centroamericanas en Busca de Migrantes Desaparecidos y el Movimiento Migrante Mesoamericano (MMM) han organizado caravanas, siguiendo el rastro de sus familiares. Este año recorren la ruta migrante del Golfo. Algunas de estas historias han tenido un final feliz: "En este viaje […] son cuatro los encuentros que han dado frutos de este esfuerzo" producto del desvelo y la resistencia de las madres porque, como ellas mismas reconocen, "los gobiernos nuestros no van a hacer nada para apoyarnos". Conforme a los datos que han podido recabar estas organizaciones civiles, son cerca de 70 mil los desaparecidos que "se perdieron en busca del sueño americano, que se convirtió en la pesadilla americana" y consideran que por ello el sexenio de Felipe Calderón se puede calificar como el peor en relación con los migrantes. Y es que también los migrantes nacionales desaparecidos se cuentan por miles. Por ejemplo, el estado de Guanajuato es uno de los que mayor cantidad de mano de obra ha dado a Estados Unidos y el de mayores índices de migración interna. No sin ironía dicen los miembros de la caravana "Liberando la esperanza" que aquí se han tomado muy en serio aquello de que en León, Guanajuato, "la vida no vale nada".[54]

Una más de las consecuencias dramáticas de toda guerra es el desplazamiento de las personas que huyen de la violencia y la inseguridad. Si cabía alguna duda sobre la naturaleza y gravedad de la batalla que hoy se libra en México para someter al crimen organizado, basta volver la atención hacia este fenómeno. Tan imperiosa es la necesidad de atender el problema que en meses recientes la CNDH anunció "la creación de un protocolo para atender a las víctimas del desplazamiento interno en México". Éste tiene el propósito de convertirse en un instrumento a través del cual se conozcan cuáles son las obligaciones del Estado frente a las víctimas de esta situación a la que se han visto forzados; también debe servir a los defensores de

---

[54] Blanche Petrich, "Madres en busca de 1,500 migrantes desaparecidos", *La Jornada*, 18 de octubre de 2012; "Con Calderón, 'masacre y desaparición de migrantes'", *La Jornada*, 20 de octubre de 2012.

éstas y a toda autoridad que, en su momento, tenga que lidiar con el problema. Se define al desplazado interno como "la persona o grupo que por algún o muchos motivos han sido obligados a abandonar su residencia habitual debido a factores como la violencia generalizada, por la violación sistemática a sus derechos humanos, por catástrofes naturales o provocadas por el hombre".[55]

Debe destacarse que es la CNDH la que entiende la necesidad de actuar conforme a las normas internacionales de la ONU y la ACNUR, antes de que el Estado siquiera reconozca la gravedad del problema. Este tipo de "daño colateral" muestra en toda su dimensión el drama humanitario de quienes más padecen los efectos de los conflictos armados porque tienen la mala fortuna de ser pobres y marginados, o bien porque se hallan en zonas tradicionalmente dominadas por poderes locales que sólo reconocen su propia ley, lo que ha facilitado el florecimiento del "narcopoder". Guerrero, Sinaloa, Chihuahua, Durango, Tamaulipas, Nuevo León son las regiones en donde se ha producido más notablemente este fenómeno.

Ciudad Mier, en el extremo norte de Tamaulipas, durante 2010 padeció la guerra entre el cártel del Golfo y el que antes fue su brazo armado: la organización de los Zetas. En los momentos más intensos de esta batalla a muerte, que llegaban a durar días y semanas enteras, sus habitantes no podían asomarse a la calle. No tardó mucho en producirse la huida hacia ciudades cercanas o bien al otro lado de la frontera; tampoco quedaron las autoridades municipales. En noviembre de ese año, prácticamente no se podía encontrar ninguna familia que todavía viviera en Ciudad Mier: pasó de ser una ciudad inmovilizada a ser un pueblo fantasma.[56]

En mayo de 2011, la comunidad de La Laguna, en el municipio de Coyuca de Catalán, Guerrero, tuvo que refugiarse en Puerto Las Ollas huyendo de la violencia por parte del crimen organizado, de paramilitares y de la propia fuerza pública. Meses más tarde regresaron a sus casas, no obstante, sin garantías de que su vida fuera a pro-

[55] "Entrevista a Fernando Batista, Quinto Visitador de la CNDH", *Animal Político*, 25 de octubre de 2012.
[56] El relato completo de la toma y sitio de Ciudad Mier está en Osorno, *La guerra de los Zetas*, pp. 147-176.

seguir en un clima menos peligroso; de hecho, volvieron a pesar de las amenazas de los criminales de que continuarían el hostigamiento y los abusos. Tan fue así que el 28 de noviembre de 2012 emboscaron y asesinaron a la lideresa ecologista Juventina Villa Mojica y a su hijo de diez años, sin que los policías responsables de resguardarla acudieran en su auxilio. En abril de 2013, 15 familias fueron reubicadas en el municipio de Ayutla, dado que en Las Ollas no podía brindárseles la seguridad indispensable, pero incluso en su nueva morada fueron atacados por los criminales. Para julio de 2013, ciento veinte familias de San Miguel Totolapan, también en la Tierra Caliente guerrerense, tuvieron que refugiarse en una iglesia para resguardarse "de la violencia que se vive en esas comunidades, pues señalaron que durante tres días se han registrado balaceras, han incendiado casas y asesinado a personas". En febrero de 2014, más de 500 habitantes de Xochitepec desplazados por las bandas criminales arribaron a la cabecera municipal, Apaxtla de Castrejón.[57]

Y la misma tragedia se extiende a otros estados. Datos de la propia CNDH señalan que sólo en Sinaloa hay entre 25 y 30 mil desplazados,[58]

[57] "En medio de amenazas, desplazados de comunidad guerrerense vuelven a casa", *La Jornada*, 16 de noviembre de 2011; "Demandan esclarecer el crimen de lideresa ecologista", *El Universal*, en línea, 30 de noviembre de 2012; "Juventina Villa provocó su muerte y la de su hijo: gobierno de Guerrero", *La Jornada*, 30 de noviembre de 2012; "Llegan a Puerto de las Ollas, Guerrero, 45 familias desplazadas por la violencia", *La Jornada*, 2 de diciembre de 2012; "Reubican por inseguridad a familias desplazadas de Guerrero", *El Universal*, en línea, 4 de abril de 2013; "Mueren dos sicarios cuando iban a matar a desplazados de la sierra", *La Jornada del Sur*, 27 de julio de 2013; "Huyen mil habitantes de 14 comunidades de Guerrero a causa de la violencia", *La Jornada*, 5 de agosto de 2013; Ezequiel Flores Contreras, "2 mil desplazados en un mes", *Proceso*, 11 de agosto de 2013; "Desplazados de Guerrero se refugian en iglesia", *El Universal*, en línea, 19 de julio de 2013; "Más de 500 desplazados de Xochitepec, por violencia", *La Jornada*, 8 de febrero de 2014. Se cita el penúltimo.

[58] Contra los números del gobierno estatal, que los calcula en 1,700. "No son turistas, ni migrantes, son víctimas, pero a la autoridad no parece importarle: CDDHS", *La Jornada*, 8 de septiembre de 2012; "Crimen organizado expulsa de la sierra de Mazatlán a pobladores", *La Jornada*, 12 de noviembre de 2012; "Servir al narco, exilio o muerte, las alternativas en la sierra sinaloense", *La Jornada*, 15 de agosto de 2013.

llegados de 11 de los 18 municipios –vienen de los altos de Culiacán, Tepuche, Tecomate y otras comunidades y rancherías– y se concentran mayoritariamente en la periferia de la capital sinaloense para trabajar en los tiraderos de basura. Pero también llegan de Badiraguato, El Fuerte (en donde los jóvenes que se quedan son reclutados de inmediato por las mafias del crimen), Mocorito y hasta Mazatlán, aunque no todas las familias consiguen quedarse a explotar este "rico" recurso[59] porque en ocasiones entran en conflicto con los pepenadores originales o bien con los concesionarios. Los que tienen suerte se quedan a vivir en condiciones indignas (casas de cartón en medio de la basura y sin ningún servicio a la mano). Esta situación a la que se ven forzados es buena parte de la injusticia que tendría que reparar el Estado... empezando por reconocer el problema.

Las familias de desplazados abandonan sus casas, cultivos y animales. Los niños dejan la escuela y se convierten en mano de obra o bien en pequeños vagabundos en los cinturones de miseria de alguna ciudad, expuestos a infinidad de peligros. Los que deciden regresar corren el riesgo, nada improbable, de ser atrapados por los delincuentes que impiden a toda costa el regreso. Se ha dado el caso de asesinatos de familias enteras que "han sido abatidas por gente armada [...] porque en esas regiones en conflicto no hay operativos *especiales* para resguardar el regreso y la permanencia de los afectados, además de que se mantienen operaciones ilícitas de grupos ligados al narcotráfico".[60] Un saldo más de la guerra injusta de Calderón.

---

59 "La basura es rica porque no hay quien la explote y puede generar recursos para el sustento de las familias", "No son turistas, ni migrantes, son víctimas, pero a la autoridad no parece importarle: CDDHS", *La Jornada*, 8 de septiembre de 2012.

60 "No son turistas, ni migrantes, son víctimas, pero a la autoridad no parece importarle: CDDHS", *La Jornada*, 8 de septiembre de 2012. Énfasis en el original.

5. La militarización de la sociedad

Mientras en el combate contra las guerrillas el Estado mexicano no protegió los derechos humanos ni creó salvaguardas contra sus excesos, en la "normalidad democrática" se ha incrementado exponencialmente la barbarie, y con la globalización floreció el negocio del narcotráfico. La economía a duras penas ha crecido al 2.4% en promedio y el país está muy lejos de producir el millón de empleos formales demandados anualmente. Sin embargo, sólo 25 años bastaron para que del único cártel que había con Miguel de la Madrid en el país, se alcanzara la decena que tuvimos en el sexenio de Felipe Calderón. El narcotráfico conforma uno de los segmentos importantes de la actividad productiva donde la competencia es abierta (y sangrienta) a la vez que garantiza el pleno empleo a todos los sicarios que demanda su voraz racionalidad económica. Fosas y pilas de cadáveres se resumen en una macabra estadística, pero no son objeto de ninguna investigación oficial porque para el gobierno "los ajustes de cuentas" no son de su incumbencia, convencido quizá de que, como el mercado, las bandas criminales se autorregulan o de que, como ocurre en el capitalismo tardío, "millones de hombres son superfluos, desprovistos de *utilidad* y de modo de desecharlos: sería preciso poder desembarazarse de ellos".[1] Como si se tratara de una muerte natural, el gobernador de una de las entidades más castigadas por la violencia criminal llamó a estos asesinatos "fallecimientos por rivalidad delincuencial".[2]

Tanto el sicariato como la respuesta armada de las comunidades rurales ante el permanente e insoportable asedio del crimen han conducido a la militarización de la sociedad copando los vacíos dejados por un Estado omiso. En cuanto al primero, queda claro que la

---

[1] Balibar, *Violencias, identidades y civilidad*, p. 116. Énfasis suyo.
[2] "Tierra de muerte y de 'gobiernos paralelos'", *Proceso*, 16 de septiembre de 2012.

educación pública dejó de ser el principal instrumento de la movilidad social ascendente como ocurrió durante el siglo XX. El segundo permite entrever una nueva etapa del conflicto rural en la que las partes ya no son únicamente las guardias blancas de los caciques enfrentadas con los pueblos, sino que ahora aquéllos se asociaron con la delincuencia o de plano se subordinaron a ella, persiguiendo fines comunes.

Ingrediente importante de las autodefensas es que han proliferado en lugares donde tradicionalmente se asentó la guerrilla (Guerrero, Oaxaca, Morelos). Si ésta surgió como respuesta a la violencia de los caciques y del Estado, actualmente se desdobla como autodefensa frente al crimen organizado y ante la ausencia, tolerancia o colusión estatal con la delincuencia (talamontes, narcotraficantes). Faltaría todavía conocer la escala, pero existen indicios sobre la asociación entre caciques, autoridades y criminales. Tal es el caso del ex edil priista de Petatlán, Rogaciano Alba Álvarez, detenido en febrero de 2010 en Guadalajara, a quien se vincula con *El Chapo* Guzmán Loera, o del ex gobernador interino de Michoacán y secretario de gobierno en funciones, el también priista José de Jesús Reyna, arraigado por posibles nexos con los Templarios.[3] Asimismo, existe el riesgo de que los cárteles criminales se camuflen en las autodefensas y las utilicen en su beneficio.[4]

Un ejército de sicarios

De la matanza de Creel en 2008 a la de Villas de Salvárcar, en Ciudad Juárez, no median más de dos años, pero en ese lapso la violencia desatada por la guerra se recrudeció de manera sorprendente. Seguir la cronología de este baño de sangre es emprender un viaje a las entrañas del México profundo, porque toca a las capas de la socie-

[3] "Capturan a Rogaciano Alba, ligado al 'Chapo'", *El Universal*, en línea, 12 de febrero de 2010; "Arrigo de 40 días y destitución de Reyna por posible nexo templario", *La Jornada*, 6 de abril de 2014.
[4] Maldonado Aranda, "El futuro de las autodefensas michoacanas", *Nexos*, en línea, abril de 2014.

dad más vulnerables: jóvenes, en su mayoría de extracción humilde, con escasos estudios porque han desertado de la escuela, sin trabajo porque al carecer de credenciales académicas nadie les ofrece la oportunidad, muchos de ellos de familias uniparentales. Más que "ninis", son los jóvenes "sin": sin escuela, sin trabajo, sin familia, sin apoyos, sin cuidados, sin protección, sin oportunidades, sin dinero, sin futuro. Se estima que el 11% de los varones mexicanos de entre 15 y 29 años de edad no estudian ni trabajan. Más dramático aún es entre las mujeres, donde el porcentaje se eleva al 37.8%. Con la mayor deserción escolar de la OCDE en educación básica, la cobertura en el nivel medio superior alcanza el 56%[5] y en nivel superior apenas rebasa el 26%.

Miles de jóvenes, asevera un sicario, aceptan trabajar para los cárteles de la droga con tal de tener dinero en los bolsillos, por lo que no cabe duda de que "con dinero baila el perro".[6] Tanto se ha ensañado la guerra contra estos adolescentes que ya se habla de "juvenicidio" porque, en efecto, cuando no son reclutados por los cárteles para servir de *halcones* o de sicarios, son asesinados por no querer participar o simplemente porque "parecen" pistoleros o narcomenudistas y entonces son víctimas del ejército o de la policía federal: el bono demográfico mexicano en gran medida se habrá perdido en esta guerra interna. Relata uno de ellos:

En Chilpancingo vi como despedazan a la gente y la torturan; los *compas* (los delincuentes) me invitan, me llevan por la carretera y me enseñan cómo tienen a la gente amarrada, cómo le van quitando las manos y los pies, la cabeza y sus partes, y por eso, pensando que ahí se gana dinero fácil, me fui, y ahora me anda buscando en el pueblo [Ayutla de los Libres] el *compa* que me llevó, pero ya no quiero.[7]

5 "Enfrentan jóvenes escenario desolador", *El Universal*, en línea, 25 de junio de 2013.
6 Mariana Sánchez, "Interview with Mexican hitman", *Al Jazeera Blogs*, 22 de noviembre de 2010.
7 "'Me estaban entrenando como pinche sicario', relata adolescente que se entregó para reducación", *La Jornada*, 1 de febrero de 2013.

Una consecuencia igualmente preocupante, que apenas empiezan a señalar sociólogos y psicólogos sociales, es que la infiltración del narco entre niños y jóvenes a través de la cooptación de pandillas dificulta su combate y contribuye a su arraigo social. Existe una "vinculación orgánica con las pandillas. El caso de Juárez es el más dramático [...] Pero no tenemos más información sobre este fenómeno". Y, en Tijuana, "jóvenes de 14 a 17 años, de clase media, cada vez son más utilizados por los cárteles de la droga y por narcomenudistas para transportar droga en pequeñas cantidades hacia los Estados Unidos". Por otra parte, se sabe por las propias víctimas de desplazamiento que en las inmediaciones de Badiraguato y el municipio de Sinaloa, Sinaloa, el cártel del Pacífico Sur (encabezado por los Beltrán Leyva) reclutaba personas para que trabajaran en los plantíos de droga o bien como sicarios. Como es común en su estrategia, los que se niegan son ejecutados a sangre fría.[8]

Hay causas que explican por qué los mayores daños se han producido en ese sector de la sociedad; no son muy diferentes de las que se dan en otros países. Sin embargo, para explicar el "fenómeno mexicano" es preciso tener en cuenta el modelo de desarrollo impulsado desde el gobierno federal. Mencionaremos sólo dos casos emblemáticos: Ciudad Juárez y Monterrey. La primera fue concebida en los años ochenta como la capital de la maquila, un modelo económico que daría empleo a miles de trabajadores (en realidad, la mayoría mujeres, lo que tampoco es ajeno al fenómeno del feminicidio), pero, al mismo tiempo, se ignoró que las familias que acudieran buscando una fuente de trabajo iban a necesitar guarderías y escuelas para sus hijos, clínicas, parques y canchas deportivas, servicios urbanos mínimos para una vida digna: agua, drenaje, calles pavimentadas e iluminadas. Únicamente se pensó en los beneficios de los consorcios privados allí instalados. Otorgarles tan escaso valor a las personas, a sus vidas e intereses, ha producido "ciudades miseria", entre las cuales Juárez ocupa un lugar destacado. En estas urbes de miserables crecen niños y jóvenes muy aptos para la lucha;

---

[8] "Los jóvenes como blindaje", *Enfoque*, suplemento de *Reforma*, 21 de octubre de 2012; "La ola de los 'sicaritos'", *Proceso*, 26 de mayo de 2013; "Reclutan los Beltrán Leyva a desplazados", *La Jornada*, 20 de octubre de 2012.

son auténticos guerreros –dice Mike Davis– que bien podrían ser líderes sociales pero también, dependiendo de las variables en juego, la carne que alimenta otros ejércitos, en este caso, el de los sicarios indispensables para el funcionamiento de los cárteles.[9] Otro ejemplo destacado es el de Monterrey, capital moderna e industrial. De historia muy distinta a la de Juárez, alberga una de las cúpulas empresariales más importantes del país, caracterizada por su conservadurismo.[10] PRI y PAN han gobernado indistintamente Nuevo León y han sido igualmente omisos e ineficaces para atender las necesidades de las clases marginadas, así como para controlar la actual emergencia. La morfología de la clase alta regia de alguna manera le permitió blindarse, crecer y prosperar, pero al mismo tiempo se impidió a sí misma ver la otra cara del progreso, el lado oscuro inherente al capitalismo salvaje: el de la pauperizada clase trabajadora, convertida ahora en un proletariado informal originalmente constituido en un porcentaje importante de migrantes nacionales venidos de San Luis Potosí y de otros estados en donde abundan los pobres.

Son los herederos de esas primeras comunidades los que ahora bajan de los cerros a bloquear avenidas y congestionar la gran urbe, los "tapados", a los cuales les pagan los cárteles 100 o 200 pesos para llevar a cabo un "narcobloqueo" o bien una manifestación en contra de la policía federal y el ejército. Son los guerreros posmodernos, sin ideales ni convicciones ideológicas, pero ligados a la única fuente que les permite satisfacer momentáneamente sus acuciantes necesidades y cumplir con el patrón de consumo (los tenis Nike, por

9 Calveiro, *Violencias de Estado*, p. 174; Davis, "Los suburbios de las ciudades del Tercer Mundo son el nuevo escenario geopolítico decisivo", 2010. Refiriéndose a los marginados sociales de Colombia, Mike Davis asegura que "estos jóvenes y sus hijos, sin acceso a la educación ni oportunidades de ningún tipo, son una fuente ideal de las bandas callejeras y de reclutamiento para los grupos paramilitares". Davis, *Planeta de ciudades miseria*, p. 71. Algo muy similar está sucediendo en varias regiones mexicanas.
10 "En el municipio de Monterrey, del total de 1 millón 135 mil habitantes, sólo alrededor de 100 mil personas declararon en el censo de 2010 ser cristianos no católicos (reformados de viejo y nuevo cuño, evangélicos, pentecostales, ortodoxos, cristianos y bíblicos diferentes a los evangélicos)". Mario Arriagada Cuadriello, "Jesucristo en las ciudades", *Blog de la redacción, Nexos*, en línea, 11 de junio de 2013.

lo menos) promovido por la televisión.[11] De acuerdo con la Procuraduría General de Justicia del Distrito Federal (PGJDF),

las bandas de "Los Perros" y "La Unión" adhieren a sus filas a "ninis", hombres noveles que ni trabajan ni estudian. Las indagatorias apuntan a que estos grupos de delincuencia organizada ofrecen pagos de tres a cinco mil pesos por ataque. Los arman, dan droga, y les permiten quedarse con objetos que sustraigan tras el "trabajo".[12]

"El Gobierno sabe bien quién maneja el barrio, cómo corre el agua por allá", dice *El Tanque*, uno de los fundadores de la Unión, que opera en Tepito.[13]

A Edgar Jiménez, *El Ponchis*, lo capturaron en el aeropuerto Mariano Matamoros, de Cuernavaca, cuando intentaba viajar con su hermana mayor a Tijuana y de allí hacia San Diego, California, donde reside la madre, una vendedora de cosméticos. Desde muy pequeño vivía en Jiutepec, Morelos, con su abuela paterna, quien al parecer también se hizo cargo de sus dos hermanas cuando se separaron los padres. El niño la "adoraba" y la abrazaba –dice un familiar– "como si ella fuera la madre".[14] Hace años falleció la abuela y los niños quedaron a su suerte en un medio ampliamente penetrado por el crimen desde la década de los noventa, época en que gobernaba la entidad el coronel Jorge Carrillo Olea, primer director del Centro de Investigación y Seguridad Nacional (CISEN), destituido del cargo en 1998 por sospechas fundadas de que estaba coludido con el crimen organizado. En su declaración preparatoria, "el niño

[11] No da pie al optimismo la cifra más reciente del INEGI donde consigna que prácticamente el 30% de la población económicamente activa está en la informalidad. "Cae desempleo a 5%, pero informalidad llega a 29.35%": INEGI", *El Universal*, en línea, 19 de octubre de 2012.

[12] "Reclutan en Tepito a sicarios por cinco mil pesos", *Publimetro*, en línea, 2 de noviembre de 2010.

[13] "El Tanque: 'el gobierno sabe bien quien maneja Tepito'", *El País*, 28 de junio de 2013.

[14] "'El Ponchis' tenía desde chico 'tendencia a la maldad'", *El Universal*, 9 de diciembre de 2010.

sicario" de 14 años de edad admitió haber participado en la decapitación de cuatro individuos, los cuales aparecieron colgados en
un puente de la carretera federal México-Cuernavaca, además de
pertenecer a una célula del cártel del Pacífico Sur –los Beltrán Leyva– y de recibir 2 mil 500 dólares (o su equivalente en pesos) por
degollar a los rivales. Para el viaje al norte iba provisto de 2 pistolas,
12 paquetes de cocaína y 2 de mariguana.[15] También contestó unas
cuantas preguntas:

–¿Tienes miedo?
–No, respondió.
–¿Sabes lo que viene?
–Sí, sé lo que va a pasar.
–¿Por qué los matabas?
–Me lo ordenaba *El Negro*. Sólo me drogaba con mota y no sabía
lo que hacía.
–¿Por qué te metiste en esto?
–No me metí, me jalaron.
–¿Estás arrepentido?
–Sí, de haber entrado a esto y de matar.
–¿Si sales en libertad qué vas a hacer?
–Me voy a ir por la derecha, trabajaré de lo que sea menos de
eso.[16]

De su hermana Elizabeth, los mandos castrenses aseguraban que
encabezaba el grupo de las *Chabelas*, encargadas "de trasladar los cadáveres en camionetas y después arrojarlos a orillas de la carretera".[17]
La saga criminal de "el sicario más joven interrogado en México"
inició asaltando negocios, aunque desde la infancia presentaba "una
tendencia a la maldad", de acuerdo con su profesor de educación
física. En julio de 2011 recibió una condena de tres años, pena máxi-

[15] "'El Ponchis', el sicario más joven interrogado en México", *Publimetro*,
en línea, 5 de diciembre de 2010.
[16] "Ejército detiene a 'El Ponchis', el niño sicario", *El Universal*, en línea,
3 de diciembre de 2010.
[17] Ibidem.

ma para menores infractores, dado que se le encontró responsable de las decapitaciones ya mencionadas, de tres secuestros y posesión de armas prohibidas y drogas. Y, a finales de noviembre de 2013, fue deportado a los Estados Unidos (posee esa nacionalidad) para continuar su rehabilitación en San Antonio Texas.[18] Aunque los reclutan en la infancia como informantes o para cometer asaltos, en la adolescencia es cuando los menores infractores transitan al sicariato. Un gatillero de los Zetas cuenta que se convirtió en asesino profesional a los 16 años de edad a cambio de mil pesos semanales, además de marihuana y cocaína para su consumo personal.[19] El relato acerca de los pequeños sicarios de La Familia Michoacana indica que la organización

tiene en Tierra Caliente un pequeño ejército de niños y jóvenes que utiliza para distintos propósitos: cobrar cuotas, llevar mensajes, avisar de la llegada del ejército o de "los pinchis afis" [...] cuando se acercan mucho a los sitios donde hay actividad; también se les da una paga, a los más bravos, por "bajarse a los cabrones pasados de lanza" y a algunos otros, los más listos[,] para llevar el producto entre un sitio y otro.[20]

Nos deja perplejos el sobrecogedor relato de un boticario de Tepalcatepec, Michoacán, quien duerme encerrado en el negocio, no para resguardar su patrimonio, sino para protegerse de un hijo que fue sicario de los Templarios. Sin oportunidad de acceder a la educación superior en la entidad que ocupa el primer lugar de deserción escolar del país, la organización criminal lo incorporó a sus filas a cambio de 500 o mil pesos semanales. El muchacho comenzó a ingerir drogas,

[18] "El niño sicario 'El Ponchis' y su expediente criminal", *Univisión Noticias*, 2 de agosto de 2011; "'El Ponchis' tenía desde chico 'tendencia a la maldad'", *El Universal*, 9 de diciembre de 2010; "'El Ponchis', niño sicario, condenado a tres años de cárcel", *Univisión Noticias*, 26 de julio de 2011; "Liberan a 'El Ponchis'", *Diario de Morelos*, 26 de noviembre de 2013.
[19] "An Interview with a Teen Sicario", *Borderland Beat. Reporting on The Mexican Cartel Drug War*, 10 de marzo de 2013.
[20] Rossana Reguillo, "Ya no alcanza con morirse", *Viaducto Sur*, 6 de octubre de 2010.

volviéndose agresivo e indolente, además de presumir las atrocidades propias de su actividad delictiva. Con el repliegue de los Templarios a causa de las autodefensas comunitarias, el hijo del boticario se quedó a la deriva: "tiene miedo de salir de su casa" y, cuando lo hace, "echa a correr como loco". Otros jóvenes de una localidad próxima (Coalcomán) fueron reclutados a la fuerza como *halcones* y francotiradores.[21]

El Diablillo, un gatillero experimentado de 26 años de edad y que suma 11 en el oficio, hacía de las suyas en Culiacán, territorio indisputado de *El Chapo* Guzmán. No sabe si ha matado a 80, 100 o más personas, sin importar que fueran amigos o parientes, pues ésa es la regla de un negocio donde no hay duda de que las órdenes son órdenes y el peor error que se puede cometer es tocarse el corazón. Si la cabeza de un general cuesta 100 mil dólares y la de un senador 70 mil, la de un periodista incómodo alrededor de mil. Por eso concluye: *"life in Mexico has no value"*.[22]

Un multihomicida arrepentido y en fuga del Cártel de Juárez recuerda que el jefe de sicarios en la plaza fronteriza tuvo que matar a su bella novia porque "hablaba demasiado", lo cual era un riesgo inaceptable para el clan criminal. La orden llegó de los capos de arriba y el gatillero no dispuso de otra opción más que acatarla, "porque si no, él tendría que morir". Así de sencillo. "Juárez es un cementerio. Yo –agrega– he cavado la tumba de 250 cuerpos".[23] Hijo de gente de trabajo,

está en la prepa cuando la policía estatal lo recluta junto con algunos de sus amigos. Reciben 50 dólares por pasar coches por el puente de El Paso; luego los estacionan y se van. Nunca saben qué hay en los coches y nunca preguntan. Después de la entrega los llevan a un motel donde siempre hay mujeres y coca disponibles.[24]

[21] Laura Castellanos, "La generación arrasada por los 'Templarios'", *El Universal*, 11 de junio de 2013.

[22] Mariana Sánchez, "Interview with Mexican hitman", *Al Jazeera Blogs*, 22 de noviembre de 2010.

[23] Charles Bowden, "Sicario. Confesiones de un asesino de Ciudad Juárez", *Nexos*, en línea, 1 de agosto de 2009.

[24] Ibidem.

Eso le abrió el camino para ingresar en la academia de policía a pesar de no tener la edad mínima. La institución brindaba agradables recompensas a los cadetes ya que "todos los días había droga y alcohol para armar fiestas" y, lo más importante, les permitía completar su formación policial al otro lado de la frontera. A él, por ejemplo, lo "mandaron a la escuela del FBI". "Me enseñaron –cuenta– a detectar armas, drogas y vehículos robados. El entrenamiento fue muy bueno"... sin duda. Cuando se graduó, pusieron bajo sus órdenes a una de las dos unidades antisecuestros de Juárez conformada por ocho agentes, de los cuales dos eran "buenos y honestos", mientras los seis restantes "andaban metidos en drogas y secuestros". Por tanto, los encargados de proteger a la población eran los responsables del delito que por disposición oficial debían atacar. A este policía de élite la incorporación a la unidad lo transformó de delincuente común en criminal: "no tengo una idea clara de cómo y cuándo me convertí en sicario... Al principio *levantaba* gente y se la entregaba a los asesinos. Y luego mi brazo comenzó a crecer porque estrangulaba gente. Podía ganar 20 mil dólares por un asesinato". Aclara, no obstante, que los de su clase no son "'monstruos', sino que la actividad criminal exige que 'desconectes ciertas partes de tu mente. Es un trabajo, sigues órdenes'".[25] De todos modos continuó, como sus subordinados, dentro de la policía aunque

casi no hacen labor policial; trabajan de tiempo completo para los narcos. Ése fue su verdadero hogar durante 20 años, en un segundo México que oficialmente no existe pero que cohabita sin cortapisas con el gobierno. En sus múltiples viajes para amordazar, torturar y matar, nunca ha sido interceptado por las autoridades. Él es parte del gobierno, de la policía y tiene a ocho agentes bajo su mando. Pero su verdadero jefe es la organización, él asume que es el Cártel de Juárez, aunque nunca pregunta porque sabe que las preguntas pueden ser mortales.[26]

[25] Ibidem.
[26] Ibidem.

Si las familias acuden a la policía probablemente resulte peor, porque "nosotros trabajamos ahí".[27] Los sicarios no se conciben como sicópatas, sino como sujetos racionales que asesinan exclusivamente por dinero, no por el gusto perverso de hacerlo. De hecho, procuran alejar del negocio a quienes matan por matar, sin objetivo material de por medio. Hacen esto no por una razón moral (su mundo carece de valores, en ese sentido es nihilista),[28] consideración al prójimo o temor al castigo divino, sino por cuidar a la organización de conflictos innecesarios, de exponerla demasiado a la mirada pública y por la pulcritud del oficio que exige en sus códigos tácitos centrarse en los blancos y economizar los cartuchos. Por esa razón, sumada a otras, las agrupaciones criminales buscan reclutas entre policías o ex policías, esto es, "asesinos entrenados".[29] Inexpertos e improvisados ocasionan problemas por lo que, cuando es indispensable, se limpia la casa de pequeñas plagas:

> Durante un tiempo usaron niños para robar coches, pero los niños, unos 40, se volvieron arrogantes, hablaban de más y vendían droga en los antros. Eso violaba el pacto que había con el gobernador de Chihuahua para mantener tranquila la ciudad. Así es que una noche, hace unos 10 años, 50 policías y como 15 miembros de la organización que tenían que asegurar que el trabajo se hiciera bien rodearon a esos niños en Avenida Juárez. No fueron torturados. Los mataron de un solo tiro y los enterraron en un hoyo.[30]

Es lógico suponer que los cárteles requieren permanentemente recursos humanos, debido tanto a la sangría que ha provocado su batalla paralela contra rivales y fuerza pública como a la necesidad de técnicos y trabajadores para la realización de sus actividades diarias.

[27] Ibidem. Sobre el vínculo entre los cuerpos de seguridad y la delincuencia en Ciudad Juárez, véase García, "Factorías del crimen", p. 358.
[28] Lara, "La bancarrota moral", p. 37.
[29] Charles Bowden, "Sicario. Confesiones de un asesino de Ciudad Juárez", Nexos, en línea, 1 de agosto de 2009.
[30] Ibidem.

Los Zetas, quienes reclutan a migrantes, pandillas o personas sin formación, también se hacen de mano de obra forzada para su explotación en diversas áreas, actividad esta última en la que seguramente no son los únicos. Sólo así podrían tener algún sentido las siguientes noticias periodísticas: "La Fiscalía General del estado de Chihuahua tiene conocimiento de 15 personas *levantadas*, siete de ellas empleados de una mina y seis jornaleros, en el municipio de Guadalupe y Calvo, así como dos mujeres en el municipio de Camargo". Además, secuestraron a "cinco ingenieros de minas, dos cocineras de un campamento metalúrgico en el poblado de San Julián". Los raptaron unas 20 personas que viajaban en camionetas.[31]

Este trabajo asimilable a la esclavitud, en el que el sujeto es despojado de toda autonomía y su supervivencia depende de la voluntad del dueño, pertenece a un mundo opaco del cual las víctimas no suelen regresar, de tal manera que únicamente podemos agregar algunas conjeturas acompañadas de muy escasa evidencia empírica. Aparte de destinar a las jóvenes a la prostitución y a los muchachos al sicariato, probablemente otros tantos sean ocupados en las plantaciones, en los procesos industriales de la droga y en las actividades logísticas que acabamos de mencionar. Recientemente se documentó cómo en Tijuana la delincuencia organizada obligaba a los migrantes ilegales a construir narcotúneles. La magnitud de la tragedia es tal que los familiares de los desaparecidos mantienen la esperanza de que "sus parientes aún estén vivos, tal vez sujetos a trabajos forzados para los cárteles de la droga". A la abuela de un adolescente levantado en Nuevo Laredo "algunas personas le han dicho que los jóvenes desaparecidos son utilizados por las mafias para sus actividades en otros lugares".[32]

[31] Ríos y Dudley, "La Marca Zeta", p. 43; "Comando levanta a 15 personas en Chihuahua; siete trabajaban en una mina", *La Jornada*, 11 de octubre de 2012; énfasis propio. "Esclavos del narco: profesionistas forzados", *Animal Político*, 29 de octubre de 2012. Se citan los dos últimos.
[32] "'Topos': los esclavos del narco", *El Universal*, en línea, 24 de marzo de 2013; "Amnistía: 'crisis' por desaparecidos en México", *El Mexicano*, en línea, 4 de junio de 2013; "Los desaparecidos", *Proceso*, en línea, 11 de febrero de 2008.

Las autodefensas comunitarias

La pérdida del control territorial por parte del Estado, ganado en varias regiones por el crimen organizado, a escasos meses de iniciado el gobierno de Enrique Peña Nieto hizo crecer vertiginosamente las autodefensas armadas en el mundo rural. El fenómeno no es nuevo, incluso puede decirse que es una práctica que tiene raíces en las insurrecciones campesinas del siglo XIX. Pero no cabe duda que en la época reciente su expansión está vinculada con este vacío estatal que endosa a la sociedad la misión de protegerse. Un reportaje acerca de un poblado de la Tierra Caliente michoacana ilustra bien esta situación:

> Ahora los habitantes de la Ruana han dicho basta. Se han armado y se niegan a pagar las extorsiones –cuotas– que les imponen los Templarios. Con pocos víveres, sin muchas medicinas y sin gas ni gasolina –empresas como Bimbo, Coca-Cola o Pemex, entre otras, ya no se atreven a distribuir sus productos por allí–, este pueblo dedicado al cultivo del limón resiste en una guerra fantasmal, propia de un pasado que parecía definitivamente apagado. Una guerra de pobres en la que sólo existe una certeza: en esta zona del país, Tierra Caliente de Michoacán, y no es la única, el Estado mexicano no existe.[33]

Un recuento periodístico consignó a principios de 2013 un total de 36 grupos de autodefensa ciudadana en ocho estados de la república: 20 en Guerrero, 4 en Michoacán, 3 en Morelos, 2 en Oaxaca, 2 en Veracruz, 2 en Chihuahua, 2 en el Estado de México y 1 en Jalisco. Sin embargo, se multiplican día a día. En mayo, por ejemplo, se informó de una autodefensa en Chinicuila, en la región serrana de Michoacán, habilitada para hacer frente a los Caballeros Templarios. Para enero de 2014 se conformó otra en Aquila, también en aquella entidad. Y, en febrero, una más en la región de Ozumba, en el Estado de México. Ya son 14 poblados los que formaron sus propios cuerpos de seguridad ciudadanos en el Istmo de

---

[33] "Guerra de pobres en Tierra Caliente", *El País*, 19 de mayo de 2013.

Tehuantepec, siendo el más reciente la comunidad mixe de Emiliano Zapata.[34]

Durante los últimos 40 años en Guerrero han existido grupos armados y, actualmente, los cacicazgos coexisten sin problemas con las formas democráticas. La alternancia llegó a la entidad suriana hace una década, cuando el PRD fue la fuerza política que más votos obtuvo en las elecciones intermedias y, sin embargo, no cesó la violencia que históricamente caracteriza a la región. Por tanto, podemos afirmar que la incorporación de la oposición de izquierda a la política formal no es condición suficiente para acabar con el descontento rural y que el crimen organizado se ha extendido en el territorio nacional sin respetar las siglas partidistas.

Cuadro 1
Guerrero: Elección de gobernador, 1980-2011

Año	PRI	PRD*	PAN
1980	90.2%	3.7%	1.1%
1986	87.1%	4.0%	2.8%
1993	63.5%	27.4%	2.6%
1999	49.6%	47.9%	1.7%
2005	36.7%	48.0%	0.9%
2011	41.8%	54.69%	1.31%

* En 1980 la izquierda contendió como PCM y en 1986 como PSUM, en coalición con otras fuerzas.
Fuente: www.imopcorp.com.mx

[34] José Gil Olmos, "En el límite del paramilitarismo", *Proceso*, 24 de febrero de 2013; "Aparece grupo de autodefensa en Chinicuila, en la sierra de Michoacán", *La Jornada*, 1 de junio de 2013; "Militares y policías impiden a autodefensas tomar Apatzingán", *La Jornada*, 27 de octubre de 2013; "Guardias comunitarias: enfrentamientos con los Caballeros Templarios dejan 13 muertos", *La Jornada*, 29 de octubre de 2013; "El pueblo nahua de Aquila crea nuevo grupo de autodefensas", *La Jornada*, 20 de enero de 2014; "San José Tlacotitlán crea grupo armado", *El Universal*, en línea, 11 de febrero de 2014; "Crean policía comunitaria en comunidad mixe de Oaxaca", *El Universal*, en línea, 26 de febrero de 2014.

También en Guerrero surgió en 1995 la policía comunitaria en los pueblos *Na'Savi* (mixtecos) y *Me'Phaa* (tlapanecos).[35] La aparición de ésta guarda relación con el despliegue militar ante la nueva ola guerrillera de los noventa. Como ocurrió dos décadas atrás, la presencia de las fuerzas armadas incrementó los abusos contra la población civil, la violación de los derechos humanos y la delincuencia, aunada a la pobreza, la falta de servicios básicos y las precarias comunicaciones en las dos regiones más pobres de una de las entidades de por sí más atrasadas del país. Por eso, cuando tuvo lugar el movimiento de la APPO en Oaxaca, que aumentó también la presencia militar en los pueblos indígenas guerrerenses, la CRAC-PC declaró a la opinión pública que al ejército federal "no lo queremos aquí; exigimos al presidente de la República que ordene el retiro fuera de nuestro territorio comunitario".[36]

Formada en 1998, la Coordinadora Regional de Autoridades Comunitarias-Policía Comunitaria (CRAC-PC), que aglutina actualmente a más de cien comunidades indígenas, afromexicanas y mestizas de la Montaña y la Costa Chica guerrerenses, acompañó la función de policía con la administración de justicia, en el marco de los usos y costumbres comunitarios amparados por el Convenio 169 de la Organización Internacional del Trabajo (OIT), privilegiando la conciliación[37] y lo que en la teoría jurídica contemporánea se denomina la "solución alternativa de conflictos".

En principio, la policía comunitaria respondió al problema práctico de proteger a la población en los traslados a comunidades y cabeceras municipales, reduciendo "los delitos en la región, los asaltos a mano armada, los secuestros, las violaciones, el narcotráfico y el

[35] Para 2010, Guerrero tenía una población de 139,387 mixtecos y 119,291 tlapanecos. INEGI, Censo General de Población y Vivienda, 2010.

[36] CRAC-PC, "11 años de lucha por la seguridad y la justicia. 11 años de lucha contra la exclusión y el olvido", 15 de octubre de 2006.

[37] CRAC-PC, "Comunicado de las comunidades fundadoras de la Coordinadora Regional de Autoridades Comunitarias-Policía Comunitaria", 2 de junio de 2013; Gasparello, "Policía Comunitaria de Guerrero, investigación y autonomía", p. 66; Mercado y Gasparello, "Policías comunitarias: ¿regulación o cooptación?", *La Jornada*, 20 de junio de 2013; Reveles, "Policías comunitarias, autodefensas y paramilitares", p. 8.

abigeato"; después, con la CRAC-PC, amplió sus funciones al ámbito de la justicia. Los aproximadamente 700 miembros de esta policía los designan las comunidades, el cargo suele ser honorario, no portan armas por lo general y, de ser el caso, están debidamente registradas. Cuentan además con un adiestramiento policial básico, por lo que ellos mismo señalan que "nosotros trabajamos con el rostro descubierto, con uniformes que nos identifican como policías comunitarios, con credenciales que avalan el control de nuestras armas".[38] En cuanto a la administración de justicia, reconocida para ciertos efectos por la Constitución federal (bajo el concepto de autodeterminación de los pueblos indios) y la legislación local (que le adjudica el carácter de policía auxiliar y le reconoce el papel de coadyuvante), a los identificados como culpables se les sanciona obligándolos a realizar trabajo comunitario rotativamente en los distintos pueblos.[39] Acerca de sus protocolos de actuación que pasan por permitir la libertad de tránsito dicen:

Sólo procedemos a la detención de personas cuando existe una denuncia previa por alguna persona agraviada, o bien que se encuentre alguien cometiendo alguna falta o error; en este caso, se procede a la detención y se remite al detenido a la Casa de Justicia, y son los coordinadores regionales quienes proceden a investigar y en todo caso a imponer una sanción de trabajo comunitario como proceso de reeducación. Cada persona detenida o acusada en el sistema comunitario cuenta con un expediente.[40]

[38] José Salgado, "Policías comunitarias y grupos de autodefensa", *La Jornada del Campo*, suplemento de *La Jornada*, 18 de mayo de 2013; Gasparello, "Policía Comunitaria de Guerrero, investigación y autonomía", pp. 66-67; International Crisis Group, "Justice at the Barrel of Gun", p. 9; CRAC-PC, "Comunicado", San Luis Acatlán, Gro., Territorio comunitario, 13 de febrero de 2013. Se cita este último.
[39] International Crisis Group, "Justice at the Barrel of Gun", p. 5; CRAC-PC, "Comunicado de las comunidades fundadoras de la Coordinadora Regional de Autoridades Comunitarias-Policía Comunitaria", Territorio comunitario, 2 de junio de 2013.
[40] CRAC-PC, Comité Ejecutivo de la Policía Comunitaria, "Comunicado de prensa", San Luis Acatlán, Gro., Territorio comunitario, 13 de enero de 2013.

De acuerdo con cifras de la propia organización, el índice delictivo se redujo en un 95% dentro de sus comunidades[41] después de que entraron en acción en la Montaña, la región con mayor concentración de población indígena en la entidad. Sin embargo, como veremos en el último capítulo, a partir de la guerra contra las drogas –que encubrió el despojo[42] y el uso de la fuerza hacia los subalternos–, la violencia de caciques y criminales y del Estado en contra de los líderes sociales de varias de estas comunidades se incrementó considerablemente.

La ejecución de un taxista en octubre de 2012 por parte de una banda criminal fue la gota que derramó el vaso moviendo a los ciudadanos de Olinalá, Huamuxtitlán, Culac y Xochihuehuetlán, asentamientos guerrerense limítrofes con Puebla, a formar nuevas policías comunitarias (éstas sí armadas con rifles de alto poder, enmascaradas, sin entrenamiento policial y con muchos más efectivos que la CRAC-PC), instalar retenes, suspender clases y aplicar un toque de queda parcial para protegerse de la delincuencia, hasta que finalmente el gobierno federal envió a 60 soldados y 46 marinos para resguardar la zona, y el estatal ofreció canjear armas por computadoras. En Ayutla de los Libres se colocaron puestos de revisión y jurados comunitarios para protegerse de los criminales y procesarlos. Si bien procuraron remplazar el castigo con la readaptación y entregaron al gobierno estatal a los delincuentes más peligrosos, también hubo algunas ejecuciones e, incluso, la captura de mandos policiales y funcionarios locales acusados de cooperar con el hampa. Después, la autodefensa armada se extendió a San Marcos,

41 CRAC-PC, "Comunicado de las comunidades fundadoras de la Coordinadora Regional de Autoridades Comunitarias-Policía Comunitaria", Territorio comunitario, 2 de junio de 2013. En materia de eficacia, algunos observadores externos han reconocido sus resultados. Véase International Crisis Group, "Justice at the Barrel of Gun", p. 2.

42 La CRAC-PC ha tenido una fuerte campaña en contra de las mineras canadienses a quienes acusa de despojar de sus territorios a las comunidades indígenas. Véanse al respecto CRAC-PC, Comité Ejecutivo de la Policía Comunitaria, "Comunicado de prensa", San Luis Acatlán, Gro., Territorio comunitario, 29 de enero de 2012; González y otros, *El respeto a nuestra tierra es justicia*, 2011.

situado también en la Costa Chica, y a varios pueblos en Tixtla y Florencio Villarreal, así como en Cuautepec, Coyuca de Benítez, Tierra Colorada, Xaltianguis y Tecpan de Galeana.[43] En este poblado de la Costa Grande,

[43] "Barricadas y toque de queda en Olinalá: *toman* el ayuntamiento", *La Jornada*, 1 de noviembre de 2012; "Quitan barricadas en Olinalá; llegan 60 soldados y 46 marinos", *La Jornada*, 8 de noviembre de 2012; Ezequiel Flores Contreras, "Olinalá, también en armas", *Proceso*, 11 de noviembre de 2012; "Crean policía ciudadana en Olinalá, Guerrero", *La Jornada*, 26 de marzo de 2013; "Juzgarán comunidades a 44 detenidos en Guerrero", *La Jornada*, 17 de enero de 2013; "Detienen la marina y el ejército a 3 policías comunitarios en Olinalá", *La Jornada del Sur*, 23 de julio de 2013; "Ayutla seguirá con retenes, toque de queda y suspensión de clases", *La Jornada*, 19 de enero de 2013; Ezequiel Flores Contreras, "Un ¡ya basta! estilo Guerrero", *Proceso*, 27 de enero de 2013; "Autodefensa armada se extiende a San Marcos, Guerrero", *El Universal*, en línea, 21 de enero de 2013; "Muere delincuente retenido por pobladores de Tixtla, enviaron patrullas", *La Jornada*, 23 de enero de 2013; "Se suma municipio Florencio Villarreal a autodefensa; van 15", *El Universal*, en línea, 30 de enero de 2013; "Comienza juicio a 54 capturados en la Costa Chica", *La Jornada*, 1 de febrero de 2013; "Autodefensa de Guerrero se extiende a Cuautepec", *El Universal*, en línea, 3 de febrero de 2013; "*Can* vigilante *justice save Mexico?*", *GlobalPost*, 3 de febrero de 2013; "Nuestra revolución, de convenios, dicen brigadas de autodefensa", *La Jornada*, 11 de febrero de 2013; "Surgen más policías comunitarios en Guerrero", *El Universal*, en línea, 14 de febrero de 2013; "Grupos de autodefensa de Guerrero matan a un presunto delincuente", *La Jornada*, 21 de febrero de 2013; "Nueva autodefensa en Guerrero se presenta en Tixtla", *El Universal*, en línea, 4 de marzo de 2013; "Liberan a policías de Tixtla, Guerrero, que fueron retenidos por autoridades comunitarias", *La Jornada*, 2 de julio de 2013; "Policía comunitaria retiene a titular de seguridad en Tierra Colorada", *La Jornada*, 27 de marzo de 2013; "Alcalde de Olinalá será juzgado por la CRAC", *La Jornada*, 17 de agosto de 2013; Sabina Berman, "Justicia por propia mano", *Proceso*, 31 de marzo de 2013; "En Xaltianguis, la gente retiene a militares y bloquea la carretera", *La Jornada del Sur*, 25 de julio de 2013; "No se permitirá el desarme en Xaltianguis, sostiene la UPOEG", *La Jornada del Sur*, 26 de julio de 2013; "Los policías comunitarios de Huamuxtitlán, a la CRAC", *La Jornada*, 3 de junio de 2013; "Suma bloqueo en la vía Acapulco-Zihuatanejo 12 hrs", *El Universal*, en línea, 21 de junio de 2013; Ezequiel Flores Contreras, "Muchas armas listas para disparar", *Proceso*, 29 de diciembre de 2013; "Redada en Tixtla; buscan a comunitarios", *La Jornada*, 20 de marzo de 2014.

Los inconformes dijeron estar en contra de la Operación Guerrero Seguro (OGS), comandada por el ejército mexicano, pues consideran que no ha dado resultados e incluso señalaron que las fuerzas armadas protegen a grupos delincuenciales que tienen asolada la región.

Se dijeron cansados de las extorsiones por parte de grupos de la delincuencia organizada que han convertido a las comunidades en pueblos "fantasmas" donde sus habitantes, médicos y profesores han tenido que huir por la violencia.[44]

Desesperados porque la capital de la entidad quedó a merced de una de las células (los Rojos) en que se fragmentó el cártel del Pacífico Sur, multiplicándose la extorsión, el derecho de piso y los secuestros, los empresarios chilpancingueños congregados en la Confederación Patronal de la República Mexicana (Coparmex) pactaron con la Unión de Pueblos y Organizaciones Sociales del Estado de Guerrero (UPOEG) implementar mecanismos de protección en contra de la delincuencia organizada. Al anunciar el 21 de junio de 2013 la conformación del Consejo Ciudadano para la Seguridad y Desarrollo de Chilpancingo, comerciantes y empresarios locales apuntaron: "'La sociedad civil de Chilpancingo levanta la voz después de un letargo en el que el miedo y abandono de malos gobernantes causaron una descomposición del tejido social, dañaron gravemente la economía y desarrollo de nuestro municipio, al grado de acostumbrarnos a la violencia, delincuencia y muerte de nuestros conciudadanos'". Hoy día, Guerrero es la segunda entidad con mayor cantidad de secuestros en el país.[45]

---

[44] "Suma bloqueo en la vía Acapulco-Zihuatanejo 12 hrs", *El Universal*, en línea, 21 de junio de 2013. En la acción, "retuvieron" por unas horas a más de 30 alumnos de una universidad privada de la ciudad de México para obligar al gobernador a que acudiera a la zona del conflicto. "Bloquean presuntos comunitarios carretera Acapulco-Zihuatanejo", *Animal Político*, 21 de junio de 2013.

[45] "En Chilpancingo, alianza de Coparmex con sistema ciudadano de defensa", *La Jornada*, 18 de junio de 2013; Ezequiel Flores Contreras, "Guerrero, estado sin gobierno", *Proceso*, 23 de junio de 2013; "Crece secuestro, admite presidente", *El Universal*, en línea, 21 de diciembre de 2013; "Confir-

Estas acciones, señala la CRAC-PC, son distintas de los objetivos planteados por la policía comunitaria, lo que ha provocado conflicto entre ésta y las llamadas "autodefensas". La irrupción de estas últimas, cuentan,

nos sorprendió de una manera sumamente desagradable, ya que estaban utilizando los uniformes de nuestra institución comunitaria, haciendo uso de un discurso que nos es completamente ajeno, ya que como CRAC jamás hemos acordado que nuestras labores estén encaminadas a acabar con el narcotráfico. Por el contrario, nosotros somos conscientes que es una lucha del gobierno federal y que nuestra labor está en cuidar de nuestras comunidades. Aunado a esto, este grupo [se refiere a la UPOEG], que ahora se denomina "autodefensa" trabaja con la cara cubierta, situación que nuestras comunidades jamás han avalado.[46]

Hasta qué punto esto es resultado de la división de las comunidades: no lo sabemos; lo que sí está claro es que sus proyectos son crecientemente divergentes y esto puede aumentar la tensión en un ambiente de suyo convulso. Aparte de las diferencias en la forma de enfrentar el problema de la seguridad, otro aspecto fundamental que las separa es que la UPOEG negoció con el Ejecutivo local su incorporación al aparato de seguridad estatal, cosa que rechaza por principio la CRAC-PC que, como vimos, reivindica la autonomía comunitaria. Afortunadamente, y a juzgar por los bloqueos carreteros que ha realizado, la zona de influencia de aquélla parece ser tanto el centro de la entidad suriana como el corredor que conduce desde Chilpancingo hasta Acapulco y Zihuatanejo (la Costa Grande), lo que permite por lo menos que las dos agrupaciones no se disputen los mismos espacios.[47]
De acuerdo con el general Fausto Lozano Espinoza, comandante de la IX Región Militar, "las agrupaciones de autodefensa que operan en

ma Rubido la aprehensión de Antonio Reina, capo de los Rojos", *La Jornada*, 15 de abril de 2014.
[46] CRAC-PC, "Comunicado", San Luis Acatlán, Gro., Territorio comunitario, 13 de febrero de 2013.
[47] "Suma bloqueo en la vía Acapulco-Zihuatanejo 12 hrs.", *El Universal*, en línea, 21 de junio de 2013.

la zona de la Costa Grande de Guerrero están ligadas a grupos criminales", mientras en la Costa Chica participan "los ejércitos Popular Revolucionario (EPR), Revolucionario del Pueblo Insurgente (ERPI) y Revolucionario del Pueblo (EPR)", allí "está viva la insurrección". En agosto de 2013 el gobierno federal inició una ofensiva para desarmar a la CRAC-PC.[48]

En Ostula, cercana a Lázaro Cárdenas, el 14 de junio de 2009 el Congreso Nacional Indígena proclamó el derecho de los pueblos a la autodefensa, luego de que la región fuera asolada por la delincuencia organizada, codiciosa de sus minerales y maderas. También en Cherán, enclavado en la Meseta Purépecha, se ha librado una cruenta batalla por los bienes del bosque entre comuneros y el crimen organizado. "Los delincuentes llegan con escrituras que no están firmadas, se apoderan de terrenos […] a veces nos llegan amenazando, tenemos miedo", declaró a los medios uno de los dirigentes indígenas. Aunque ya en 2008 habían desconocido al presidente municipal de extracción priista por estar coludido con la delincuencia en el tráfico de madera, lo que detonó el conflicto fue el asesinato de dos comuneros a manos de talamontes en abril de 2011, y la promesa incumplida por parte de los gobiernos estatal y federal de enviar a la fuerza pública para resguardar a los 16,000 habitantes de Cherán quienes, mientras tanto, cerraron con barricadas los accesos al pueblo.[49]

La dinámica del conflicto, y la evidente incapacidad del Ejecutivo estatal –por 12 años a cargo del PRD– para preservar la seguridad de los habitantes de la región condujeron a los lugareños a constituir

[48] "Autodefensas de la Costa Grande, 'ligadas a grupos criminales'", *La Jornada*, 4 de julio de 2013; "Detienen militares a 31 miembros de la CRAC-PC, incluido el líder", *La Jornada*, 23 de agosto de 2013; "Militares detienen a 10 policías comunitarios en Ayutla de los Libres; van 29 en dos días", *La Jornada*, 24 de agosto de 2013; "Autodefensas toman por cuatro horas ayuntamiento de Tixtla en Guerrero", *La Jornada*, 27 de agosto de 2013; "Levantan bloqueo a la carretera federal Acapulco-Pinotepa", *La Jornada*, 29 de agosto de 2013; Marcela Turati, "Militarización disfrazada de Cruzada contra el Hambre", *Proceso*, 1 de septiembre de 2013. Se cita el primero.

[49] Alejandra Guillén y Raúl Torres, "La violencia, también por las minas y la madera", *Proceso*, 16 de febrero de 2014; "Cherán, a un mes del conflicto", *El Universal*, en línea, 15 de mayo de 2011; "Cherán, a la espera de fuerzas federales", *El Universal*, en línea, 13 de mayo de 2011. Se cita el segundo.

un gobierno autónomo y encargarse ellos mismos de la protección de la comunidad:

> Las comisiones de los barrios se hacen cargo del abastecimiento de agua y la recolección de basura; sin embargo, la carencia histórica del líquido se ha agudizado con el desastre ambiental que implica la tumba de pinos y el hecho de que los ojos de agua están en terrenos de los cuales se ha apoderado la delincuencia organizada.[50]

Finalmente, los cheranenses instalaron el 5 de febrero de 2012 un concejo municipal. En ese tono siguieron las cosas hasta que aparecieron en Zacapu, con visibles muestras de tortura, los cadáveres de Urbano Macías y Guadalupe Gerónimo, levantados el 8 de julio de ese año.[51]

Para defenderse de las acometidas de los Caballeros Templarios y ante una autoridad ausente, en el segundo semestre de 2012 los habitantes de Urapicho, otro poblado purépecha, montaron una fuerza de autodefensa ciudadana que incluso ha causado bajas a las organizaciones criminales. Armados con rifles y escopetas de caza, los lugareños improvisaron barricadas como retenes para controlar los accesos a este pequeño poblado de aproximadamente 1,500 habitantes y evitar que entraran personas ajenas a la comunidad. En marzo de 2013, se avanzó en una coordinación de las policías comunitarias de toda la Meseta Purépecha.[52]

Los Templarios –quienes cuando formaban parte de la Familia Michoacana desplazaron de la región a los Zetas y prometieron a la

---

[50] "Cherán, el pueblo asume el control", *Cambio de Michoacán*, en línea, 16 de mayo de 2011.

[51] "Torturan y matan a comuneros de Cherán; dejan cuerpos en Zacapu", *La Jornada*, 11 de julio de 2012; "Llegaremos hasta donde sea necesario, advierten habitantes de Cherán", *La Jornada*, 13 de julio de 2012.

[52] Rivera Velázquez, "El abismo michoacano", p. 46; José Gil Olmos, "La autodefensa purépecha", *Proceso*, 28 de octubre de 2012; "Acuerdan más de 30 pueblos indígenas de Michoacán dar seguimiento a autodefensas", *La Jornada*, 17 de marzo de 2013; "Michoacanos quitan patrullas a policías", *La Jornada*, 25 de febrero de 2013.

población acabar con la violencia y las exacciones forzosas– cobraban ya un derecho de piso de 10% del presupuesto a los gobiernos municipales, convertían a las adolescentes en prostitutas y a los jóvenes en sicarios, perdiendo así una legitimidad espuria como garantes del orden en una sociedad dejada a su suerte por el Estado.

Incluso corren versiones de que el paro total por 24 horas del transporte público en Lázaro Cárdenas, en noviembre de 2013, fue por orden de la organización criminal que, además de controlar el puerto, cobraba derecho de piso a las empresas mineras instaladas en las proximidades.[53]

Todo esto fue posible, dice el párroco de Apatzingán, por la corrupción de autoridades y empresarios, que allanaron el camino para que la organización criminal transitara del negocio de las drogas a la economía formal, permitiéndole "acceder a circuitos sociales exclusivos para comenzar a inyectar dinero a comercios y empresas, todo ello bajo el respaldo de sicarios e integrantes criminales que trabajaban de la mano con las autoridades". De esta manera, el crimen organizado se apropió de alrededor de "14 mil títulos de propiedad", además de provocar 3 mil asesinatos en el municipio.[54]

A muchos jóvenes de Tierra Caliente los personeros del cártel los levantaron de sus casas o de la escuela amenazando a las familias. Los criminales cobraban mil pesos por cada vaca comerciada, 15 por kilo de carne vendido y 4 por el kilo de tortilla. "El IVA Templario", lo llaman.[55] Recuerda un médico de Tepalcatepec que en 2012, antes de que comenzaran a organizarse las autodefensas ciudadanas, los delincuentes decían a los padres "me gusta tu niña, te doy veinte

---

[53] Pineda, "La autodefensa de Aguililla", p. 36; Ernst, "En territorio templario", p. 54; Beauregard, "Lázaro Cárdenas: puerto de aguas turbulentas", p. 42; "Confirman tortura y asesinato del alcalde de Santa Ana, Michoacán", *La Jornada*, 9 de noviembre de 2013; "Extorsión a mineros, millonario negocio de los Templarios", *El Universal*, en línea, 6 de marzo de 2014.

[54] "Beso los pies a Enrique Peña Nieto si agarra al 1, 2 y 3 de los Templarios", *El Universal*, en línea, 17 de enero de 2014; "'¡Viva Cristo Rey!', nuevo grito contra los Templarios", *La Jornada*, 19 de enero de 2014.

[55] Reveles, "Policías comunitarias, autodefensas y paramilitartes", p. 5; "Sólo el gobierno no sabía dónde estaba el Tucán", *La Jornada*, 19 de enero de 2014.

minutos para que me la bañes y la cambies porque la voy a llevar al río". También ingresaban por la fuerza en las escuelas y señalaban "a ver tú, y tú", llevándose a las muchachas. Los jefes de familia que levantaron denuncias fueron asesinados. La situación dio un vuelco cuando los criminales dirigieron la atención hacia las hijas de los ganaderos, quienes amagaron repelerlos con violencia: "de esta forma, tres grupos de autodefensa comunitaria, dos en Buenavista, y uno en Tepalcatepec, se alzaron en Tierra Caliente el 24 de febrero de 2013. El 15 de mayo se les unió un municipio adicional: Coalcomán".[56] Y, el 16 de noviembre, Tancítaro. Antes de acabar el año, el Consejo General de Autodefensas y Comunitarios de Michoacán, con presencia en 22 municipios, inició una ofensiva contra los Templarios encabezada entre otros por Juan Manuel Mireles Valverde, médico general de la Clínica de Salud de Tepalcatepec. A principios de marzo de 2014, el "alzamiento", como lo llaman algunos milicianos, tomó Apatzingán, principal baluarte Templario.[57] Al galeno le tocó ver de primera mano los daños causados a la comunidad por la violencia criminal:

Fue en su consultorio en donde terminó de gestarse su rabia contra el cártel que secuestró, despojó de bienes y ejecutó a familiares y conocidos. El ímpetu de levantarse le vino durante el último cuatrimestre de 2012; atendió a 40 niñas embarazadas por violaciones o estupro infantil por parte de los Templarios.

Harto de la impunidad, en una reunión con amigos,

---

[56] Laura Castellanos, "La generación arrasada por los 'Templarios'", *El Universal*, 11 de junio de 2013.

[57] "Surge autodefensa en Tancítaro: hay dos muertos", *El Universal*, en línea, 16 de noviembre de 2013; "Los grupos de autodefensa toman Churumuco y Poturo, Michoacán", *La Jornada*, 30 de diciembre de 2013; "Enfrentamiento entre autodefensas y Templarios; mueren dos delincuentes", *La Jornada*, 6 de enero de 2014; "Fotorreportaje: cinco días en la vida del líder de las autodefensas de Michoacán", *Animal Político*, 10 de enero de 2014; "Podía vivir tranquilo en Estados Unidos, pero ¿qué iba a pasar a mi familia?: el Americano", *La Jornada*, 23 de enero de 2014; "Alcalde de Apatzingán, contra el padre Goyo, la PF, árbitro", *La Jornada*, 4 de marzo de 2014.

la plática se abrió al resto de los invitados e hicieron cuentas de cómo 25 mil habitantes del municipio podían enfrentar a 90 narcos bien armados que los tenían en jaque.[58]

En Felipe Carrillo Puerto (por todos conocido como La Ruana), Hipólito Mora fue quien montó la insurrección ciudadana en contra de los Templarios:

Dos días después del levantamiento en La Ruana y Tepalcatepec aparecieron mantas colgadas en puentes y carreteras de los alrededores de Apatzingán que denunciaban que detrás de los grupos de autodefensas estaba el Cártel Jalisco Nueva Generación, un grupo liderado por Nemesio Oceguera Valencia, conocido como *El Mencho*, oriundo del municipio de Aguililla, parte de la misma Tierra Caliente Michoacana.[59]

De igual modo que Felipe Calderón, las autodefensas de Tierra Caliente encontraron una causa para emprender su "guerra justa". En ésta destaca la actuación del "Padre Goyo" (Gregorio López) quien, junto con Hipólito Mora, al asistir a la misa en la catedral de Apatzingán el 8 de febrero (día de la toma de la ciudad), no portaron las camisetas de "autodefensas" sino de "Ccristos", en referencia al Consejo Ciudadano Responsable de Impulsar el Sano Tejido Social. Enfrentando el disgusto de sus superiores, los párrocos en estas regiones "han dado paso de la pastoral del consuelo al estímulo de la organización, protección y legítimo resguardo social". Eligieron pelear del lado de la ciudadanía agraviada, pasaron "del repliegue a la guerra justa, de la resignación a la lucha".[60]

---

[58] "El cazador que puso en jaque a los Templarios", *El Universal*, en línea, 7 de enero de 2014. Algunas fuentes consignan que Mireles fue detenido en Tepalcatepec en 1988 por posesión de 86 kilos de mariguana, permaneciendo en prisión hasta 1992. "Mireles, líder de autodefensas, estuvo preso por narcotráfico", *Excélsior*, en línea, 17 de enero de 2014.

[59] Maerker, "Auxilio, ¿dónde está el Estado?", p. 22.

[60] Bernardo Barranco, "De la pastoral del consuelo a la guerra justa en Michoacán", *La Jornada*, 29 de enero de 2014.

En respuesta, los Templarios realizaron algunos levantones de miembros de las autodefensas, bloquearon la comercialización de limón de Tepalcatepec y Buena Vista Tomatlán e interrumpieron el abasto de artículos de primera necesidad a ambos poblados. "A solicitud" del inoperante gobernador de la entidad, el priista Fausto Vallejo, en enero de 2014 la administración federal reforzó la presencia militar en la Tierra Caliente michoacana para desarmar a las autodefensas quienes habían logrado replegar a la organización criminal y recuperar parte de los bienes que le habían confiscado a la población. Aquéllos se resistieron argumentando que con esta acción "inmediatamente, al nosotros regresarnos a nuestros hogares, nos van a matar, van a matar a nuestras familias".[61] En la desmovilización de las autodefensas en Antúnez, hubo pérdidas humanas:

El pueblo entero entierra a sus muertos. Son dos. Mario Pérez Sandoval, de 56 años, que se enfrentó al ejército, dicen sus familiares, armado con piedras y palos. Cuentan los vecinos que un militar lo mató. Y Rodrigo Benítez, un jornalero de 27 años, que había acudido a la salida del pueblo en respuesta al repique de campanas que alertó a la población de la llegada de los soldados. Una bala lo mató por la espalda en el fuego cruzado. El ambiente es de tensa calma en Antúnez. Al paso de los ataúdes la gente aplaude. Gritan a los reporteros: "Eso, cuenten eso, que lo vean allá de donde sean ustedes".[62]

Aunque las autodefensas y el gobierno federal pactaron que éstas permanecerían armadas integrando "cuerpos de defensa rurales", finalmente aquél decidió unilateralmente desarmarlas a lo que las autodefensas se opusieron. De todos modos, no cesó la conformación de cuerpos de seguridad a cargo de la población civil, de tal forma

[61] Guerrero Gutiérrez, "La dictadura criminal", p. 49; "Autodefensas entregan huertas que estaban en poder de los Templarios", *La Jornada*, 17 de enero de 2014; "En Michoacán, autodefensas descartan replegarse; Mireles Valverde acepta", *La Jornada*, 14 de enero de 2014.
[62] "Los justicieros de Tierra Caliente", *El País*, en línea, 19 de enero de 2014.

que en febrero de 2014 la comunidad indígena de Caltzontzin, municipio de Uruapan, declaró su autonomía y, con base en su sistema de usos y costumbres instaló un concejo mayor. Emulando a Cherán, los comuneros de Caltzontzin determinaron formar sus propios cuerpos de seguridad y orden a fin de aplicar "la justicia indígena y para la defensa de nuestro territorio y recursos naturales".[63]

Han corrido versiones encontradas (¿o complementarias?) acerca de quiénes financian a las autodefensas michoacanas: el cártel rival Nueva Generación, asentado en Jalisco; los migrantes de la entidad purépecha residentes en los Estados Unidos, esto es, la comunidad numéricamente más importante de migrantes mexicanos en el país del norte, o las mineras extranjeras antes extorsionadas por los Templarios.[64]

Abonando más a la confusión que a la justicia, la policía estatal detuvo en marzo de 2014 a Hipólito Mora, a quien consignó la autoridad judicial por la ejecución de dos integrantes del grupo que responde a las órdenes de *El Americano*, líder de las autodefensas del pueblo vecino, Buenavista Tomatlán. En esta misma línea, Alfredo Castillo, "comisionado para la paz y el desarrollo integral de Michoacán", responsabilizó al dirigente de las autodefensas de Yurécuaro de haber ordenado la ejecución del alcalde de la localidad.[65] Con

[63] "Convierten a las autodefensas en cuerpos de defensa rurales", *La Jornada*, 28 de enero de 2014; "'Marchan en 15 poblados de Michoacán contra el desarme de autodefensas", *La Jornada*, 7 de abril de 2014; "La comunidad indígena de Caltzontzin en Michoacán se declara autónoma", *La Jornada*, 22 de febrero de 2014.

[64] Guerrero Gutiérrez, "Nuevas coordenadas de la violencia", p. 25; Guerrero Gutiérrez, "La dictadura criminal", p. 49; "Hay indicios de nexos de Nueva Generación con autodefensas de Michoacán: Murillo", *La Jornada*, 30 de enero de 2014; "En Jalisco, operativo exitoso… sin participación estatal", *Proceso*, 2 de febrero de 2014; "Migrantes en Estados Unidos financian a autodefensas", *El Universal*, en línea, 2 de febrero de 2014; "Autodefensas: varias minas de Michoacán son o fueron explotadas por Templarios", *La Jornada*, 2 de febrero de 2014.

[65] "Detienen a Hipólito Mora por muerte de *El Pollo* y José Luis Torres", *La Jornada*, 12 de marzo de 2014; "Consignan a Hipólito Mora por homicidio calificado", *La Jornada*, 14 de marzo de 2014; "Dictan formal prisión a Hipólito Mora; incompetencia mental del juez: la defensa", *La Jornada*, 20

esto se resquebrajó el pacto implícito entre autoridades federales, fuerzas militares y autodefensas para acorralar a los Templarios y re-establecer el orden en la entidad.[66] Al respecto, no podemos mirar sino con preocupación que

El lunes 10 de marzo recorrió La Ruana un coche azul invitando por perifoneo a una nueva junta en el jardín central. Los convocantes eran los que habían salido del pueblo el 24 de febrero de 2013 sin disparar un tiro. Pidieron perdón y que se les permitiera volver. Los resguardaban los hombres armados de Simón *El Americano*, líder de Buenavista y rival de Hipólito Mora. Hoy tienen el control de una comunidad, otra vez sumida en el miedo.[67]

Conforme aumenta el control territorial de la entidad han crecido los conflictos entre las autodefensas, en parte por motivos propios y rivalidades añejas, en parte también por la intervención estatal (reparto de recursos, sesgos, alianzas) que pretende evitar que las autodefensas se fortalezcan e incrementen su autonomía, así como recuperar el monopolio de la violencia legítima cuando la situación mejore. Quizá apunta en esa dirección la evaluación hecha recientemente por el doctor Mireles: "'Tenemos dos grupos diferentes de autodefensas en Michoacán: los que queremos que se limpie el estado del crimen organizado y se restablezca el estado de derecho, y los que nada más andan detrás de lo que vamos avanzando para hacer negocio".[68] Lo cierto es que

de marzo de 2014; "Hay enfrentamientos y no hay muertos, como en las películas", *La Jornada*, 13 de abril de 2014; "Fracasa en La Ruana intento por definir qué grupo se hará cargo de la seguridad", *La Jornada*, 14 de abril de 2014; "Castillo: líder de autodefensa mandó matar a alcalde", *El Universal*, en línea, 31 de marzo de 2014.

[66] "Realista" para algunas comentaristas; "error disfrazado de acierto", para otras. Maerker, "Auxilio, ¿dónde está el Estado?", p. 31; Ríos, "Autodefensas: el riesgo de no aplicar la ley", p. 58, respectivamente.

[67] Maerker, "Auxilio, ¿dónde está el Estado?", p. 32.

[68] "Mireles denuncia amenazas de sus propios compañeros", *El Universal*, en línea, 1 de abril de 2014.

la aprehensión de Mora y su consignación es un punto de quiebre de los ya endebles puentes de entendimiento que se habían estado construyendo entre el gobierno y los grupos de autodefensa. Y da un giro radicalmente fuerte porque en estos momentos no parece haber una señal clara de hacia dónde se deben orientar esfuerzos para seguir construyendo acuerdos para aminorar la violencia.[69]

De acuerdo con las autodefensas, el gobierno incumplió con el convenio firmado el 27 de enero en el cual se comprometía a "limpiar a Michoacán del crimen organizado", legalizar a aquellas fuerzas y auditar las administraciones municipales controladas por el crimen organizado. Luego de un tironeo, ambas partes volvieron a pactar fijándose para el 10 de mayo de 2014 la fecha límite para cumplir los acuerdos. Entre tanto, las partes realizaron actos de distensión como reubicar a los presos en Apatzingán, entregar algunas armas y guardar otras, marchar juntos en la toma de las cabeceras municipales faltantes e integrarse a las policías municipales en remplazo de los policías cesados hasta el momento. Sin embargo, a finales de junio Mireles Valverde fue detenido por violar la Ley Federal de Armas de Fuego y Explosivos.[70]

Acaso por "contagio", las autodefensas guerrerenses ocuparon 8 comunidades situadas entre Chilpancingo y Acapulco, acción en la que participaron "más de mil hombres armados". El 28 de enero en el Ocotito, punto intermedio entre ambas ciudades, se realizó una asamblea para discutir la posible legalización de las autodefensas en la que participó el representante de la Canaco en la capital guerrerense; a su regreso, fue víctima de un atentado en el que falleció su nuera e hirieron a su esposa e hijo. Quizá la virulenta respuesta criminal se debiera a que la UPOEG se trazó el objetivo de recuperar

[69] Maldonado Aranda, "El futuro de las autodefensas michoacanas", *Nexos*, en línea, abril de 2014.

[70] "Seguiremos armados, y seremos una piedra en el zapato...", *Proceso*, 13 de abril de 2014; "Autodefensas y gobierno firman acuerdo; 'vamos a guardar armas': Mireles", *La Jornada*, 15 de abril de 2014; "Autodefensas no podrán portar armas a partir del 10 de mayo", *La Jornada*, 16 de abril de 2014; *La Crónica*, 27 de junio de 2014.

Chilpancingo, acción sin precedentes en el año de existencia que tienen las autodefensas ciudadanas.[71]

Si bien la delincuencia tiene asolada la ciudad desde hace un lustro, en 2013 la situación se deterioró más aceleradamente:

al principio exigían un millón de pesos, 500 mil o 200 mil para no secuestrar a los propietarios de los negocios de un día para otro, y si decían que no podían reunir esa cantidad la respuesta era: "No te estoy preguntando si tienes, mañana venimos". Después [...] el cobro por el derecho de piso se institucionalizó y los delincuentes impusieron cobros de 3 mil 500 a 5 mil pesos, según la ubicación del negocio.

El último año, "se han registrado 84 secuestros, 64 negocios cerraron, 60 familias huyeron de la cabecera municipal y se han perdido unos 600 empleos".[72]

En su querella judicial, el empresario guerrerense Pioquinto Damián Huato recomendó al presidente Peña Nieto "limpiar la casa por dentro, si no todo empeño en materia de seguridad será nulo", y exigió a la autoridad competente investigar al edil priista de Chilpancingo y a su círculo más cercano por "delincuencia organizada". Dos semanas después, fuerzas federales detuvieron al ex policía ministerial Julio César Guzmán Camacho, de la célula criminal de los Rojos, presunto atacante del empresario. Posteriormente, aprehendieron en Querétaro a María del Carmen Nava Romero de quien se dice que dirige la banda desde su centro de operaciones en Chilpancingo. Otros líderes fueron capturados el 11 de abril "en una carretera de Guerrero".[73]

---

[71] "Policías ciudadanos toman comunidades de Chilpancingo", *La Jornada*, 24 de enero de 2014; "Las autodefensas de Guerrero reclaman la atención del gobierno", *El País*, en línea, 30 de enero de 2014.

[72] "Crear comisionado para Guerrero, presiona la iniciativa privada", *El Universal*, en línea, 31 de enero de 2014.

[73] Jesús Nava Romero, hermano de María del Carmen, fue abatido junto con Arturo Beltrán Leyva en Cuernavaca; y Crisóforo Rogelio Maldonado, fundador de la célula criminal y esposo de María del Carmen, asesinado en 2012 en un hospital privado del sur de la ciudad de México. "Estoy bien: Pioquinto; exige a edil pida licencia", *El Universal*, en línea, 30 de enero de

Autodefensas ciudadanas en Guerrero (2014)[74]

Municipios de Guerrero con policía comunitaria

MICHOACÁN EDOMEX MORELOS PUEBLA OAX.

47 de 81 ayuntamientos de Guerrero tienen presencia de policías comunitarias o ciudadanas

1 Acapulco de Juárez
2 Acatepec
3 Alcozauca
4 Atlamajalcingo
5 Atlixtac
6 Atoyac de Álvarez
7 Ayutla de los Libres
8 Azoyú
9 Benito Juárez
10 Cochoapa el Grande
11 Copala
12 Copanatoyac
13 Coyuca de Benítez
14 Cuajinicuilapa
15 Cualac
16 Cuautepec
17 Cuetzala del Progreso
18 Florencio Villarreal
19 Huamuxtitlán
20 Iguala

21 Igualapa
22 Iliatenco
23 Juan R. Escudero
24 Juchitán
25 Malinaltepec
26 Marquelia
27 Metlatónoc
28 Olinalá
29 Ometepec
30 Pedro A. Alquisiras
31 San Luis Acatlán
32 San Marcos
33 San Miguel Totolapan
34 Taxco de Alarcón
35 Tecoanapa

36 Tecpan de Galeana
37 Teloloapan
38 Tepecoacuilco
39 Tixtla de Guerrero
40 Tlacoachistlahuaca
41 Tlapa de Comonfort
42 Xalpatláhuac
43 Xochihuehuetlán
44 Xochistlahuaca
45 Zapotitlán Tablas
46 Apaxtla
47 Chilpancingo

Fuente: CNDH, "Informe especial sobre los grupos de autodefensa y la seguridad pública en el estado de Guerrero", 2014.

Acapulco –el más importante puerto del Pacífico, la principal ciudad de la entidad y su motor económico– no sólo cayó en manos de la delincuencia organizada sino que hoy en día es la ciudad más violenta del país. En este vértice del "Triangulo del Sol", dice el responsable de atención a víctimas de la arquidiócesis del puerto, "todo

2014; "Formal prisión contra presunto atacante de Pioquinto", *El Universal,* en línea, 9 de marzo de 2014; "PF detiene en Querétaro a la presunta líder de los Rojos", *El Universal,* en línea, 6 de marzo de 2014; "¿Quién es la lideresa de los Rojos?; la ligan con Beltrán Leyva", *El Universal,* en línea, 7 de marzo de 2014; "Confirman la captura del líder de los Rojos en Guerrero", *El Universal,* en línea, 14 de abril de 2014.

[74] *El Universal,* 5 de febrero de 2014.

149

el sector del comercio informal está funcionando a partir de la dinámica implantada por los grupos criminales".[75]

Guerrero ocupa hoy el primer lugar nacional en homicidios dolosos (2,087; con un incremento del 158% en una década) y el segundo en secuestros (207). En 2013 se denunciaron 14,062 robos, 174 extorsiones y 765 delitos en carretera. Si a esto sumamos el desastre que provocaron las lluvias de septiembre pasado, el mayor en lo que va del siglo, la situación de la población es desesperada.[76] Frente a ese panorama, a la CNDH no le asombra "que en 46 de los 81 municipios del estado existan autodefensas".[77]

Tampoco sorprende que, no obstante la zozobra de la población –que incluso evita salir a la calle después de las diez de la noche porque en distintos puntos de Chilpancingo y en las entradas de la carretera federal se emplazan los inconfundibles vehículos (sin placas) de los criminales inspeccionando frecuentemente a los autos que circulan–, el 30 de enero saliera a las calles de la capital estatal para exigir protección a los tres niveles de gobierno:

En el zócalo llevaron a cabo un mitin en el que exigieron paz y seguridad y repartieron copias de un oficio entregado a la CNDH, en el que se exigió al gobierno garantizar el derecho humano a la vida. "Chilpancingo se ha convertido en el paraíso de quienes se dedican a matar, a secuestrar, a robar, todo ello ante la complacencia de los responsables de brindar a los ciudadanos todas las medidas de seguridad", dice el documento.[78]

Ante la indudable penetración del crimen organizado en la policía chilpancingueña, la PFP tomó a su cargo la seguridad de la capital

---

[75] "La sociedad mexicana, enferma de violencia", *Proceso*, 23 de marzo de 2014.

[76] Ni frente al huracán *Paulina* (1997), ni ante la tormenta tropical *Manuel* (2013), las autoridades estatales tomaron mínimas medidas preventivas ante el potencial devastador del meteoro. En ambos casos, Ángel Aguirre Rivero estaba a cargo del Ejecutivo guerrerense.

[77] "'Estoy bien': Pioquinto; exige a edil pida licencia", *El Universal*, en línea, 30 de enero de 2014.

[78] "Marchan más de 2 mil personas en Chilpancingo; reclaman protección", *La Jornada*, 31 de enero de 2014.

guerrerense. No obstante, de acuerdo con el Consejo Ciudadano de Seguridad, han repuntado los asaltos, robos, extorsiones y secuestros, quizá porque la estrategia federal se ha concentrado en las cabezas del grupo de los Rojos y no en los distintos núcleos que lo conforman. Probablemente éstos atacaron con granadas el Hotel Jacarandas de Chilpancingo, lugar donde se hospedan los mandos de la PFP. Mientras tanto, la policía local encontró una fosa clandestina con restos humanos en una colonia popular situada en las afueras de la ciudad.[79]

Más allá del cambio de estrategia de comunicación social, en la que el presidente no aparece diariamente presentando el parte de guerra como hacía Felipe Calderón, la administración de Enrique Peña Nieto optó por retirarlo de los medios dejando de emitir boletines oficiales sobre el asunto.[80] La nueva línea privilegia la política (durante el primer año, el Pacto por México) de publicitar el potencial de desarrollo que ofrece el país y evitar los enfrentamientos directos entre la fuerza pública y los sicarios. Para la prensa extranjera de mayor impacto, México pasó de un Estado fallido en ciernes a la promesa económica del siglo XXI. Lo que registramos ahora es una transformación de la guerra: por un lado, penetró a la sociedad mediante la militarización; por el otro, se naturalizó como si esta fuera la condición normal de la vida comunitaria. Sorprende además que el tema sea soslayado en el discurso cotidiano de los partidos políticos –acaso porque en distinta medida todos han sido tocados por el crimen organizado– y que tampoco apareciera en la campaña presidencial de 2012, no obstante que la guerra al narcotráfico fue el elemento nodal de un gobierno panista, tan limitado en todos sentidos, que fue incapaz de articular un discurso público que rebasara la moral y que encontró en la guerra la continuación de la política.

---

[79] "Indagarán a 81 ediles de Guerrero para descartar nexos con criminales", *La Jornada*, 22 de febrero de 2014; "PF toma el control de Chilpancingo", *El Universal*, en línea, 1 de marzo de 2014; "Guerrero también va para allá…", *Proceso*, 20 de abril de 2013; "Lanzan granadas contra alojamiento de agentes de la PF en Chilpancingo", *La Jornada*, 20 de abril de 2014; "Hallan fosa clandestina con restos humanos en Chilpancingo", *El Universal*, en línea, 20 de abril de 2014.

[80] Hope, "Menos ruido, misma furia", p. 20; Guerrero Gutiérrez, "Nuevas coordenadas de la violencia", p. 26.

6. La otra guerra

El combate al crimen organizado disparó exponencialmente la violencia en el país, superando en 2009 la tasa de homicidios que había hacia 1992. Hay sólidos indicios de que la estrategia de los "operativos conjuntos" –en la que intervinieron la PFP, el ejército y posteriormente la armada– fue la que detonó su descomunal incremento, incluso en entidades como Chihuahua, Baja California, Coahuila, Nayarit, Nuevo León y Aguascalientes, donde los índices hasta entonces habían sido comparativamente bajos. De acuerdo con esta hipótesis, al penetrar dentro del tejido local la coacción estatal como un agente extraño e irreductible, dislocó el orden implícito con que se regulaba el conflicto llevando a soluciones de fuerza a todo nivel.[1]

La guerra extendió la violencia a escala nacional y llegó hasta lo más profundo de la sociedad sin, por el contrario, conseguir los objetivos de derrotar a los cárteles y reducir el tráfico de drogas por todo el país.[2] Potenció también la antigua violencia estatal (directamente, o por omisión, dejando hacer a las guardias blancas y ahora a los paramilitares) dirigida contra movimientos populares, periodistas y defensores de los derechos humanos. El combate al "enemigo mayor" ha ocultado esta violencia cotidiana, sorda e impune, feroz

[1] Escalante Gonzalbo, "Homicidios 2008-2009: la muerte tiene permiso", 2011. En abono de esta tesis está el dato reciente proporcionado por la Federación Nacional de Municipios de México (FENAMM), según el cual, la guerra calderonista causó la muerte de 1,200 funcionarios municipales, entre ellos 34 alcaldes. "Guerra de Calderón causó la muerte de 1,200 funcionarios municipales, acusan", *La Jornada*, 16 de mayo de 2013.

[2] En 2011 poco más de 11 mil homicidios fueron atribuidos directamente a la guerra contra el narcotráfico, mientras alrededor de 600 al consumo de drogas. De acuerdo con el nuevo procurador general de Justicia, "las ejecuciones son la segunda causa de defunción en México". Madrazo y Guerrero, "Más caro el caldo que las albóndigas", 2012; "Arrastra la PGR una estructura obsoleta, acusa Murillo Karam", *La Jornada*, 18 de diciembre de 2012.

descabezadora de los liderazgos sociales y que coloca además a México como puntero en América Latina en el asesinato de periodistas. Todavía resulta difícil olvidar la imagen de Marisela Escobedo puesta a merced de su ejecutor por la criminal omisión de las autoridades del estado de Chihuahua, incapaces siquiera de resguardar adecuadamente las puertas del palacio de gobierno aquella noche del 16 de diciembre de 2010.[3] Según el asesino confeso, la ejecución habría sido realmente sencilla de no ser por un imprevisto:

Llegué, apunté a Marisela y jalé el gatillo. Pero va y se me encasquilla. Nunca me había pasado, menos con una 9 milímetros glock. En lo que estoy cargando el arma, ella se levanta y echa a correr. Se me cae el cartucho y cuando voy a agarrar el cartucho el hermano me dice "pinche culo güey" y me avienta una silla. En eso me la esquivo con la mano derecha, agarro con la izquierda y cuando Marisela ve que agarré el cargador echa a correr otra vez hacia el palacio de gobierno [no le dio tiempo a refugiarse]. Corrí y le disparé. Para mí se me hacía fácil. Era lo que hacía a diario.[4]

Reducida al ámbito electoral, la transición mexicana no ha hecho mucho para romper con esos hábitos inveterados del Estado autoritario, que minan a la democracia misma. La información es un bien público, por tanto debe protegerse a los profesionales del ramo para que libre y responsablemente ejerzan la labor de enterar a la sociedad de lo que le concierne, garantizando un derecho ciudadano elemental. Por otra parte, liquidando a los líderes sociales para romper la resistencia a la modernización, entendida como la expansión irrestricta de la empresa privada, el Estado prescinde de interlocutores en las clases subalternas, las desorganiza y mengua su capacidad negociadora en detrimento de la gobernabilidad democrática. Con

[3] "SIP: México lidera en crímenes a prensa", *El Universal*, en línea, 16 de octubre de 2012; "*Ejecutan* a la mujer que encaró a las autoridades de Chihuahua por liberar al asesino de su hija", *La Jornada*, 17 de diciembre de 2010.
[4] "El mensaje pacifista de un asesino", *El País*, en línea, 22 de octubre de 2013.

esta estrechez de miras, lo único que produce es más violencia pues, como el agua, la sociedad circula y se agrega de formas insospechadas, no siempre las mejores para la convivencia civilizada.

La estadística sobre homicidios, base de la discusión mejor documentada acerca de los indicadores de la violencia, por su naturaleza no hace distingos sobre las razones de los decesos o si se trata de la delincuencia común, de crímenes políticos, del asesinato de líderes comunitarios, periodistas o defensores de los derechos humanos. Podemos suponer que el número de víctimas mortales de la delincuencia común, por tratarse de la violencia más indiscriminada, probablemente corresponda al movimiento general consignado en las estadísticas. Ahora trataremos de precisar si la violencia focalizada, esto es, la dirigida hacia núcleos específicos de la población, sigue esta misma tendencia u obedece por lo menos parcialmente a un molde particular, el del Estado autoritario intocado en la alternancia democrática. A falta de cifras oficiales, nuestra aproximación se hará fundamentalmente con base en las investigaciones a cargo de organizaciones no gubernamentales, y noticias y testimonios publicados por la prensa.

Éste es el panorama de una guerra que no se reconoce como tal pero que ha tenido en los últimos siete años dolorosas consecuencias no sólo en el ámbito material –pensemos en las cantidades ingentes de recursos que pudieron aplicarse a la política social, por ejemplo–, sino humanas, aún inconmensurables. Debe pensarse, entonces, si nuestra deficiente democracia política, con todo el logro más importante de las últimas décadas, es compatible en el mediano plazo con un estado de guerra al cual no se le ve un final próximo.

Descabezar la resistencia

La añeja violencia hacia activistas, líderes y movimientos sociales continuó en los estados de Chihuahua, Oaxaca, Chiapas y Guerrero, en los cuales, como mostramos en capítulos anteriores, la autodefensa popular derivó en guerrilla desde la década de los sesenta y donde, como en Oaxaca, hubo una insurrección urbana en las postrimerías de la administración foxista. Se dirá que los homicidios abundaron en estas entidades cuando menos desde que hay registros aceptablemente fiables, pero resultará difícil negar tanto que la conflictividad social sigue siendo intensa en ellas como que la demanda de justicia no cesó con la alternancia, aunque ahora sea aquélla menos evidente ante el avasallador estado de guerra.

Cuadro 2

Estado	Activistas y líderes sociales asesinados 2007–2011
Chihuahua	14
Oaxaca	11
Chiapas	9
Guerrero	8
Michoacán	3
Puebla	3
Tamaulipas	3
Estado de México	2
Sonora	2
Sinaloa	2
Distrito Federal	2
Veracruz	1
Durango	1
San Luis Potosí	1
Morelos	1
Tlaxcala	1
Nuevo León	1
Hidalgo	1
TOTAL	66*

Fuente: Flores Nández, *La farsa detrás de la guerra contra el narco*, pp. 183-198.

* De los 71 casos registrados por la autora restamos cinco, los cuales incorporamos en el rubro de defensores de derechos humanos.

Los atentados contra la vida de activistas y líderes sociales buscan inhibir su actuación, provocando la desarticulación de la sociedad al romper los nodos de su organización y acción colectiva. El poder –llámese Estado, delincuencia organizada, capital o caciques– castiga y siega las dirigencias populares intentando convencer a todo el cuerpo social que cualquier resistencia organizada es inútil, además de multiplicar la impunidad, en la medida en que actúa con la certeza de que estos crímenes ni siquiera se indagarán y menos serán sancionados, al quedar ocultos en el manto de impunidad tendido por la guerra dentro del cual cada vez se cobijan más casos de tortura. Con muy escasas excepciones, cuando los voceros del Ejecutivo señalan enfáticos que se aplicará toda la fuerza del Estado para castigar a los responsables, que se creará una fiscalía especial para resolver el caso en cuestión o que esta vez se irá a fondo, no queda duda a las víctimas o a sus deudos de que nada se sabrá, que todo permanecerá igual. De las denuncias por tortura presentadas ante la CNDH, por ejemplo, en ningún caso han sido procesados los responsables.[5]

Cuadro 3

Año	Número de denuncias por tortura recibidas por la CNDH
2007	4
2008	21
2009	33
2010	10
2011	42
Total	110

Fuente: Amnistía Internacional, *Culpables conocidos, víctimas ignoradas*, p. 4.

Mes con mes aparecen en la prensa noticias acerca del hostigamiento hacia los activistas sociales, el silenciamiento de varios de ellos, la denuncia ante la CNDH, que posteriormente emitirá una recomendación que no será atendida por la autoridad respectiva,

[5] Amnistía Internacional, *Culpables conocidos, víctimas ignoradas*, p. 6.

y la declaración de algún funcionario de que se seguirá el caso y se actuará hasta las últimas consecuencias, caiga quien caiga. Las consecuencias, lamentablemente, no son ninguna. Atribuir la impunidad al deficiente funcionamiento de los órganos de persecución del delito e impartición de justicia, o a su escasa profesionalización, es sin duda correcto, pero también insuficiente como explicación. La violencia contra los líderes sociales frecuentemente supone la colusión entre cuerpos de seguridad, criminales, caciques y poder económico, según se desprende de los casos que hemos podido recopilar. Por tanto, obrar conforme a derecho es difícil, más aún si consideramos el problema de la corrupción, tan extendida en el aparato judicial mexicano.

De 2008 para acá abundan las noticias sobre el asesinato de líderes sociales, particularmente indígenas. El 10 de febrero victimaron en Ayutla de los Libres, Guerrero, a Lorenzo Fernández Ortega, miembro de la Organización del Pueblo Indígena Mepha'a (OPIM), quien continuamente denunció las amenazas de soldados y paramilitares, "encabezados por Alfonso Morales Silvino (ex militar)", contra su comunidad, además de insistir en poner frente a un tribunal a los integrantes de las fuerzas armadas que violaron a dos indígenas tlapanecas en 2002, y también a quienes realizaron la esterilización forzada de 14 indígenas entre 1998 y 2001. La OPIM responsabilizó a los paramilitares –cuya presencia en la entidad fue velozmente desmentida por el entonces gobernador Zeferino Torreblanca Galindo– de la muerte de su compañero, atribuyéndoles también múltiples asaltos en las carreteras de La Montaña y sembrar el miedo entre la población para evitar que sus denuncias fueran del conocimiento de los organismos internacionales. El inefable mandatario estatal declaró que era su obligación "buscar que en Guerrero se respeten los derechos humanos".[6] Ya en la administración peñista, victimaron en San Sebastián Bachajón, Chiapas, al dirigente de los

---

[6] "Pide Amnistía Internacional indagar asesinato de activista", *La Jornada*, 26 de febrero de 2008; Luis Hernández Navarro, "Lorenzo Fernández Ortega: clima de terror", *La Jornada*, 1 de abril de 2008; "Asesinato en La Montaña de Guerrero", *Ojarasca*, suplemento de *La Jornada*, 17 de marzo de 2008; "Acepta Guerrero recomendación de AI sobre activista", *La Jornada*, 27 de febrero de 2008. Se citan los dos últimos.

ejidatarios tzeltales, de extracción zapatista, quien se oponía al despojo de sus tierras con fines turísticos.[7] El 14 de marzo de 2008 un comando armado ultimó en el municipio de Casas Grandes, Chihuahua, al líder de la Organización Agrodinámica Nacional (OAN), Armando Villarreal Martha, el cual había pugnado por rebajar las tarifas eléctricas y los fertilizantes en el campo. "Este asesinato es la última forma del gobierno para aplacarlo", afirmó el dirigente del Comité Pro Mejoramiento del Agro Nacional durante el cortejo fúnebre que "prácticamente paralizó Nuevo Casas Grandes y municipios aledaños, entre ellos Buenaventura, Janos, Ascensión, Galeana, Flores Magón, desde donde se trasladaron miles de productores a bordo de camionetas, tractores, camiones y bicicletas para darle el último adiós a Villarreal Martha". El Senado aprobó un punto de acuerdo para demandar a la administración de Felipe Calderón "el pronto esclarecimiento del asesinato".[8]

Dos indígenas triquis, que laboraban en la recién fundada radioemisora comunitaria La Voz que Rompe el Silencio, del ayuntamiento popular de San Juan Copala en la Mixteca oaxaqueña, fueron baleadas el 7 de abril en el trayecto hacia la capital de la entidad, a donde se dirigían para participar en el Encuentro Estatal por la Defensa de los Derechos de los Pueblos de Oaxaca. La autoría intelectual de los homicidios se atribuyó a dos dirigentes de una organización política regional, el Partido Unidad Popular (PUP), dado que las comunicadoras se "convirtieron en una amenaza para esos líderes corruptos". La Procuraduría General de Justicia de Oaxaca fue omisa en el esclarecimiento de estos crímenes, el Congreso estatal "acordó formar de manera urgente una comisión plural de diputados para dar seguimiento al caso" y la PGR decidió atraerlo ante la presión internacional. Todavía a final del año se seguía co-

[7] "Asesinan al dirigente de los ejidatarios prozapatistas en Bachajón, Chiapas", *La Jornada*, 26 de abril de 2013.

[8] "Comando armado asesina a luchador social en Chihuahua", *La Jornada*, 15 de marzo de 2008; Víctor M. Quintana S., "La lucha de Armando Villarreal Martha", *La Jornada*, 21 de marzo de 2008; "El gobierno ordenó matar a líder agrario, aseguran en Chihuahua", *La Jornada*, 17 de marzo de 2008; "Exige el Senado aclarar el asesinato de líder agrario", *La Jornada*, 26 de marzo de 2008. Se citan los dos últimos.

mentando el asunto, sin habérsele fincado responsabilidades legales a nadie.[9]

El año 2009 fue también muy adverso para los activistas sociales. El 31 de marzo encontraron muerto, con dos impactos de bala y una herida en la mejilla provocada por un arma punzocortante, a Salvador Vicente Morisco, dirigente indígena de Ocumicho, municipio de Paracho, Michoacán. Tanto los vecinos de su comunidad como la Procuraduría estatal sospechaban que fueron talamontes sus agresores. Son reiterados los ataques contra los defensores de los recursos naturales, en buena medida porque hay grandes negocios detrás de la destrucción de los bosques o porque estos espacios forman parte cada vez más de la zona de influencia de los narcotraficantes.[10]

En esta lógica depredadora de la naturaleza, justificada únicamente por el afán de lucro, los ambientalistas y las comunidades indígenas han pagado las consecuencias de un Estado cómplice. Es así que el 26 de junio asesinaron a dos integrantes de la Organización Campesina Ecologista de la Sierra de Petatlán y Coyuca de Catalán. El 16 de septiembre de 2009 el campesino Felipe Arteaga, ecologista defensor de los bosques de la sierra guerrerense perdió la vida embestido por un auto oficial. Antes de concluir ese mes, atentaron, en Jilotzingo, Estado de México, contra Jesús Sánchez de la Barquera, cuyo activismo incomodaba a varias empresas inmobiliarias que operan en Interlomas y Zona Esmeralda. El 25 de noviembre liquidaron fuera de su domicilio a Mariano Abarca, miembro de la organización Dos Valles Valientes, la cual intentó poner restriccio-

[9] "Matan a dos locutoras de radio comunitaria", *La Jornada*, 8 de abril de 2008; "Acusan a políticos del asesinato de locutoras", *El Universal*, en línea, 16 de abril de 2008; "Admiten omisiones en indagatoria por locutoras asesinadas", *El Universal*, en línea, 19 de mayo de 2008; "Atrae PGR homicidio de locutoras ocurrido en Oaxaca", *El Universal*, en línea, 15 de mayo de 2008; "Acallan voces indígenas", *El Universal*, en línea, 23 de diciembre de 2008; "Indaga CNDH asesinato de dos locutoras", *La Jornada*, 16 de abril de 2008; "Imputan crimen a líderes políticos", *El Universal*, en línea, 16 de abril de 2008; "Crean comisión para el caso de triquis", *El Universal*, en línea, 24 de abril de 2008. Se citan los dos últimos.

[10] "Asesinan a dirigente comunal en Paracho; sospechan de taladores", *La Jornada*, 1 de abril de 2009.

nes a la minera canadiense Blackfire Exploration, que extrae barita en el municipio de Chicomosuelo, Chiapas. Para resguardarse de las empresas mineras, el 26 de febrero de 2013, pobladores de 78 ejidos de 11 municipios chiapanecos conformaron guardias civiles desarmadas.[11] El 29 de mayo de 2009 había sido ejecutado Manuel Arroyo Galván, profesor de la Universidad Autónoma de Ciudad Juárez y fundador de la Organización Popular Independiente, con lo que se perpetraba el tercer asesinato de universitarios en el último semestre, además de dos alumnas desaparecidas. El cadáver de Fermín Mariano Matías, un activista poblano que presuntamente tenía nexos con el EPR, fue exhumado de una fosa común en la comunidad de Los Reyes Quiahuixtlán, en el municipio de San Juan Totolac, Tlaxcala, el 28 de julio, un mes después de reportarse su desaparición. La noche del 31 de octubre torturaron y asesinaron a Miguel Ángel Pérez Cazales, representante de los comuneros de Santa Catarina Tepoztlán y miembro fundador del Consejo de Pueblos de Morelos, quien defendió el área natural protegida de El Texcal amenazada por un proyecto urbanístico del gobierno morelense. El activista iba a una reunión del Frente de los Pueblos en Defensa de la Tierra en solidaridad con los presos políticos de Atenco. El 28 de noviembre mataron en Ciudad Juárez a Jesús Portillo Santos, activista y yerno de Marisela Ortiz Rivera, fundadora de la organización Nuestras Hijas de Regreso a Casa.[12]

[11] "Muerte y persecución enfrentan activistas ambientales del país", *La Jornada*, 31 de diciembre de 2009; "Mantendrán guardias civiles de Chiapas vigilancia en mineras de la Costa y Sierra", *La Jornada*, 4 de marzo de 2013. También se habla de conflictos de ejidatarios con las empresas mineras en Michoacán. "Conflicto minero, trasfondo de la entrada del ejército en Aquila", *La Jornada*, 17 de agosto de 2013.

[12] "Asesinan a tiros a catedrático y luchador social en Ciudad Juárez", *La Jornada*, 31 de mayo de 2009; "Repudian violencia contra la Autónoma de Ciudad Juárez", *La Jornada*, 5 de junio de 2009; "Fue asesinado el activista Fermín Mariano Matías", *La Jornada*, 29 de julio de 2009; "Torturan y matan a líder de comuneros en Morelos", *La Jornada*, 3 de noviembre de 2009; "Piden doble necropsia a cadáver de activista", *La Jornada*, 4 de noviembre de 2009; Francisco Taboada, "Quién era Miguel Ángel Cazales y por qué lo asesinaron", *La Jornada*, 28 de noviembre de 2012; "Asesinan pistoleros

El año 2010 no fue mejor. Como veremos repetidamente, la violencia contra luchadores sociales y defensores de los derechos humanos incluye también a los cónyuges y familiares cercanos. El primer día del año liquidaron en San Juan Copala al hermano de una de las locutoras triquis de las que acabamos de hablar. Perforado por 19 balas de rifle AK-47, en la cabecera municipal de Guadalupe, Chihuahua, el 17 de agosto localizaron el cadáver de Rubén Reyes Salazar, hermano de la activista Josefina Reyes, asesinada recién en enero. Durante el funeral, "sus cinco hermanos dieron a conocer que toda la familia debió de abandonar su lugar de origen por amenazas de presuntos integrantes del crimen organizado".[13] Un comando armado incendió la maderería de la pareja sentimental de Marisela Escobedo y levantaron a un hermano de éste en Ciudad Juárez el 18 de diciembre; horas después, pereció asfixiado. El 21 de mayo, apareció con huellas de tortura el cadáver de Ausencio Eng Miranda, líder del Frente Popular Francisco Villa (FPFV), levantado la mañana de ese día en la ciudad de Tampico; pugnaba por que no fueran desalojados de sus viviendas los inquilinos de la colonia irregular Mano a Mano.[14]

Desde 1993 comenzaron a documentarse los feminicidios en el estado de Chihuahua, especialmente en Ciudad Juárez, donde hasta ahora han sido registrados más de 800, y cerca de 100 en 2012.[15] La evidente incompetencia y la deliberada omisión de las autoridades estatales, incapaces de advertir la gravedad del caso y de actuar en consecuencia, sirvió para dar carta blanca a la violencia criminal que

a joven activista de la Autónoma de Juárez", *La Jornada*, 30 de noviembre de 2009.

[13] "Hermano de locutora triqui es asesinado en San Juan Copala", *El Universal*, en línea, 3 de enero de 2010; "*Ejecutan* en Juárez a hermano de la activista social Josefina Reyes", *La Jornada*, 19 de agosto de 2010. Se cita éste.

[14] "Atentan en Ciudad Juárez contra los deudos de Marisela Escobedo", *La Jornada*, 19 de diciembre de 2010; "Hallan en Juárez el cadáver del cuñado de Marisela Escobedo", *La Jornada*, 20 de diciembre de 2010; "Matan a dirigente de organización en Tamaulipas", *El Universal*, en línea, 21 de junio de 2010; "Asesinan a líder del FPFV en Tamaulipas", *La Jornada*, 22 de junio de 2010.

[15] "Hallan huesos de mujer asesinada en Ciudad Juárez", *La Jornada*, 12 de octubre de 2012.

creció exponencialmente en la entidad durante la primera década de este siglo. Con ese ominoso entorno, no sorprende que dos mujeres (Josefina Reyes y Marisela Escobedo) que tomaron en sus manos la investigación de atentados contra parientes o luchadores sociales fueran ellas mismas victimadas y los órganos de procuración de justicia fallaran una vez más en el cumplimiento de su deber.

Josefina Reyes Salazar encabezó un movimiento contra la represión y violación de los derechos humanos por parte de los aparatos de seguridad del Estado después del plagio y asesinato de su hijo, presumiblemente a manos del ejército. En lugar de justicia encontró la muerte el 3 de enero de 2010 afuera de un expendio de comida, cuando varios gatilleros intentaron secuestrarla hasta que finalmente le dispararon a mansalva. El asesinato dio la vuelta al mundo evidenciando tanto la escasa disposición oficial como la nula capacidad para proteger a la ciudadanía. El día de su sepelio, "a una temperatura de dos grados bajo cero, la protesta [una caravana de vehículos] partió de la tumba de Reyes Salazar, en su natal municipio de Guadalupe, Distrito de Bravo, distante 60 kilómetros de Ciudad Juárez, hasta las instalaciones de la Procuraduría General de la República (PGR) en esta localidad".[16]

Marisela Escobedo Ortiz tuvo que perseguir al asesino de su hija; dio con él; el jurado lo absolvió; las autoridades lo soltaron, y ella acabó victimada en plena plaza pública, antes de finalizar el sangriento 2010. Acicateado por la presión de la sociedad civil y de las organizaciones humanitarias, aunque sin mediar investigación, el Supremo Tribunal de Justicia del Estado suspendió a los tres jueces que habían dictado el auto de libertad del asesino confeso de Rubí Frayre Escobedo, Rafael Barraza Bocanegra, abatido finalmente por el ejército en noviembre de 2012 en un poblado de Zacatecas.[17]

---

[16] "Asesinan en Juárez a una activista que denunció abusos de militares", *La Jornada*, 5 de enero de 2010; Alberto Herrera, "Defensores de los derechos humanos, en la mira", *El Universal*, en línea, 12 de enero de 2010; Raymundo Rivapalacio, "El asesinato de Josefina Reyes", *Bajo Reserva, El Universal*, en línea, 17 de enero de 2010; "Juárez: piden a la PGR atraer el caso de activista asesinada", *La Jornada*, 10 de enero de 2010. Se cita este último.

[17] "Rechaza visitador juicio político contra magistrados que liberaron a homicida", *La Jornada*, 27 de diciembre de 2010; "Los jueces suspendidos

El brazo del crimen, y no el de la ley, alcanzó el 7 de septiembre de 2011 a Miguel Ángel Flores, *El Payaso*, el sicario identificado como autor material del homicidio de Marisela Escobedo, quien falleció en una balacera ocurrida en el bar San Carlos de la ciudad de Chihuahua. Un año después, el gobernador del estado y otras autoridades anunciaron con bombo y platillo que acababan de capturar a José Enrique Jiménez Zavala, *El Wicked*, gatillero de la banda criminal La Línea, presunto homicida de la activista. "Fue con la labor de inteligencia y estrategia por parte de la Fiscalía General del estado, además del trabajo por parte del poder Legislativo y Ejecutivo que se dio un resultado que permite seguir [*sic*] motivando el combate a la impunidad".[18] Dos "autores materiales" de un homicidio en el que participó una sola persona: no sabemos si supone el doble de eficiencia de las autoridades locales o la confirmación de su ineptitud.

De acuerdo con cifras oficiales, en 2011 se perpetraron 27,199 homicidios en el país, cifra que representó un incremento del 5.5% con respecto del año anterior.[19] También se recrudeció todavía más la violencia contra los líderes sociales y sus familias, sumándose los sobrevivientes a los desplazados por la guerra contra el crimen organizado. Y, si cabe el matiz, ganó en brutalidad. Chihuahua, Guerrero y Michoacán continuaron dando la nota.

El año inició con un nuevo feminicidio en Juárez, el de la poeta Susana Chávez Castillo, autora de la frase "Ni una muerta más". Ese "más", desgraciadamente, le tocó a ella, a quien encontraron en la vía pública de la ciudad fronteriza con la mano izquierda cercenada y una bolsa de plástico en la cabeza. Según la CNDH, murió por estrangulamiento. Mientras la Comisión Permanente del Congreso de la Unión reconocía su compromiso con los derechos humanos y

por el caso Frayre Escobedo solicitan amparo", *La Jornada*, 14 de enero de 2011; "Abaten en Zacatecas a asesino de Rubí Frayre", *El Universal*, en línea, 22 de noviembre de 2012.

[18] "Identifican al autor material del asesinato de Marisela Escobedo", *La Jornada*, 16 de diciembre de 2011; "Capturan en Chihuahua al presunto asesino material de Marisela Escobedo", *La Jornada*, 8 de octubre de 2012. Se cita éste.

[19] "En 2011 se perpetraron 27 mil 199 homicidios en México: INGI", *La Jornada*, 21 de agosto de 2012.

guardaba un minuto de silencio en su memoria, la Fiscalía General del Estado de Chihuahua atribuyó la desgracia a la propia víctima, deslizando la hipótesis de que bebía con los homicidas (*El Balatas*, *El Pelón* y *El Pollo*) quienes la asfixiaron a causa de una reyerta el 6 de enero, esto es, que se lo buscó. Como "un tema de descomposición social entre jóvenes", lo definió el fiscal chihuahuense en una entrevista televisiva. Después corrió la especie de que la activista en realidad se dedicaba a la prostitución.[20]

Febrero arrancó con el secuestro en El Millón, municipio de Guadalupe, de dos hermanos y la cuñada de Josefina Reyes, quienes se agregaban a las cuatro pérdidas sufridas por la familia desde 2009. El día 25, el ejército localizó los cuerpos que presentaban visibles huellas de violencia. Sobre ellos, un mensaje del hampa del cual las autoridades no ofrecieron detalles. Según la prensa, "los atacantes enterraron los cadáveres, pero después los exhumaron y dejaron cerca de la carretera para que fueran vistos". Los Reyes Salazar decidieron emigrar del país dado que "el gobierno no da protección a sus habitantes y menos a mi familia", según afirmó Sara Salazar, madre de Josefina.[21] Entre tanto, la PGJDF les brindó protección en la ciudad de México.[22]

[20] "Asesinan a otra activista en Chihuahua", *El Universal*, en línea, 11 de enero de 2011; "Asesinan en Ciudad Juárez a la activista social Susana Chávez", *La Jornada*, 12 de enero de 2011; "Diversas organizaciones sociales ponen en duda la versión oficial del crimen", *La Jornada*, 13 de enero de 2011; "Susana Chávez bebía con sus asesinos: fiscalía del estado", *La Jornada*, 13 de enero de 2011; "Rechazan que crimen de la activista fuera por su labor", *El Universal*, en línea, 12 de enero de 2011; Carlos Loret de Mola, "Y ahora resulta que era sexoservidora", *El Universal*, en línea, 18 de enero de 2011.

[21] "Secuestran en Ciudad Juárez a dos hermanos y una cuñada de activista", *La Jornada*, 8 de febrero de 2011; "La cruz de la familia Reyes Salazar", *El Universal*, en línea, 25 de febrero de 2011; Víctor M. S. Quintana, "No es país para los héroes", *La Jornada*, 11 de febrero de 2011; "Hallan militares los cuerpos de la familia Reyes Salazar", *La Jornada*, 25 de febrero de 2011; "Se preparan para emigrar a España los 32 integrantes de la familia Reyes Salazar", *La Jornada*, 4 de marzo de 2011. Se citan los dos últimos.

[22] "Resguarda el gobierno del DF a 12 integrantes de la familia Reyes", *La Jornada*, 8 de marzo de 2011.

En abril le tocó a Guerrero. Un comando armado de alrededor de 30 personas ejecutó a Javier Torres Cruz e hirió a su hermano en la comunidad de La Morena, en la sierra de Petatlán. "Los familiares del ecologista asesinado pidieron auxilio a la policía estatal y elementos del ejército mexicano [...] pero les fue negado el apoyo con el argumento de que 'no querían meterse en problemas".[23] El campesino carecía de protección alguna, no obstante que dos años antes del atentado la CNDH había solicitado medidas cautelares a la Procuraduría de la entidad. Por su parte, la CIDH instó al Estado mexicano a indagar el crimen, recordando su obligación elemental de proteger a los ciudadanos y subrayando además "que la labor de los defensores y defensoras es esencial para la construcción de una sociedad democrática sólida y duradera".[24] Para noviembre eran ya siete los asesinatos contabilizados en La Laguna, próxima a Coyuca de Catalán, los cuales se presumía estaban relacionados con la disputa por los recursos naturales de la sierra guerrerense.[25]

La familia Santana Alonso fue diezmada sin que se esclarecieran los crímenes. Rubén Santana Alonso, defensor de los bosques de la Sierra Madre del Sur fue asesinado el 15 de febrero de 2011. La mañana del 2 de noviembre las autoridades penitenciarias del Centro de Rehabilitación Social de Tuxpan, municipio de Iguala, encontraron muerto a su hijo José Santana Villa. De acuerdo con el procurador Alberto López Rosas, el recluso falleció por envenenamiento. En los últimos años, otros dos hijos del activista habían perdido la vida en circunstancias violentas. El 3 de septiembre de 2011 un comando armado irrumpió en la comunidad El Pescado, municipio de Coyuca de Catalán, y victimó a su primo Enrique Rodríguez Santana frente a su familia. Y el 30 de diciembre de 2011 pistoleros emboscaron y ejecutaron en La Laguna a Ascensión Villa Santana, primo también de Rubén, todos ellos miembros de la

[23] "Fue un comando de 30 personas el que asesinó al líder ecologista", *La Jornada*, 22 de abril de 2011; "Asesinan a ecologista en Guerrero", *El Universal*, en línea, 19 de abril de 2011. Se cita este último.
[24] "CIDH condena asesinato de ecologista en Guerrero", *El Universal*, en línea, 25 de abril de 2011.
[25] "Van 7 muertos en La Laguna este año; abandonan casas por inseguridad", *La Jornada de Guerrero*, en línea, 15 de noviembre de 2011.

Organización de Campesinos Ecologistas de la Sierra de Petatlán y Coyuca de Catalán.[26] Al igual que en los bosques guerrerenses, ecologistas y activistas sociales michoacanos han sufrido persecuciones y asesinatos. Pedro Leyva Domínguez, defensor de los bienes comunales de la población nahua de santa María Ostula, municipio de Aquila, y representante de esta organización en el Movimiento por la Paz con Justicia y Dignidad (MPJD), fue liquidado presuntamente por paramilitares el 7 de octubre de 2011, quienes respondían a las órdenes de los pequeños propietarios de La Placita, los cuales tenían un largo conflicto agrario con la comunidad indígena. El 29 de mayo de 2012, en Santa Clara del Cobre, un sujeto disparó a quemarropa a Moisés Ángel Ramírez, representante de las Comunidades Unidas del Municipio de Salvador Escalante. Para el gobernador de la entidad no cabía duda que detrás de las siete balas homicidas estaba la delincuencia organizada. Y, en la comunidad de Loma Colorada del vecino estado de Jalisco, levantaron el 23 de octubre de 2012 al líder nahua Celedonio Monroy Prudencio, activista defensor de la reserva de la biósfera de la Sierra de Manantlán.[27]

La violencia, potenciada en la administración de Ulises Ruiz, siguió cobrando víctimas en Oaxaca todavía en 2012. El 21 de agosto balearon en pleno centro de la capital del estado a Juan Domingo Pérez Castillo, fundador del MULT. Y el 26 de septiembre asesinaron en Santa María Temaxcaltepec al profesor Lorenzo Salinas Mendoza, afiliado a la Sección 22 del SNTE y ex alcalde de aquel poblado.

[26] "Hallan muerto en la cárcel a hijo de defensor de bosques en Guerrero", *La Jornada*, 3 de diciembre de 2011; "Culpan al gobierno de Guerrero por la muerte de campesino ecologista en el Cereso de Iguala", *La Jornada*, 5 de diciembre de 2011; "Ejecutan a ecologista en Guerrero", *La Jornada*, 5 de septiembre de 2011; "Asesinan en una emboscada a campesino de Guerrero", *La Jornada*, 31 de diciembre de 2011.

[27] "Presuntos paramilitares asesinan a comunero activista en Michoacán", *La Jornada*, 8 de octubre de 2011; "Retienen a servidores tras asesinato en Michoacán", *El Universal*, en línea, 30 de mayo de 2012; "Asesinan en Michoacán a líder de comuneros; piden esclarecimiento", *La Jornada*, 31 de mayo de 2012; "Matan a líder comunero de Michoacán, exigen justicia", *El Universal*, en línea, 31 de mayo de 2012; "Levantan a líder nahua en Jalisco", *La Jornada*, 25 de octubre de 2012.

Sus compañeros señalaron como presunto autor material del homicidio a Fredy Gil Pineda Gopar, de quien se decía que había formado parte de los escuadrones de la muerte que atacaron el plantón magisterial de 2006. Entre tanto, en Veracruz, en los meses de julio y octubre, "desconocidos" liquidaron a los líderes cañeros Merced Ruiz Malpica y Abel Valdivia González, respectivamente.[28]

El 22 de octubre de 2012, en la carretera Ciudad Cuauhtémoc-Colonia Obregón, Chihuahua, liquidaron a Ismael Solorio Urrutia y a su esposa. El líder barzonista se oponía a la sobreexplotación de los mantos acuíferos (de una zona casi desértica donde existe desde 1957 una veda para la perforación de nuevos pozos) por parte, tanto de un segmento de la comunidad menonita como de la minera El Cascabel, filial de la canadiense Mag Silver, de la que, se cree que estuvo detrás de la golpiza que le propinaron días antes de su asesinato. Los miembros de El Barzón aventuraron que los asesinos eran sicarios de La Línea, contratados por alguno de aquéllos.[29]

A río revuelto, la violencia parece cruzar también por los partidos políticos. La tarde del 31 de mayo de 2013 ocho integrantes de la Unidad Popular de Iguala (UP), militantes de la corriente Izquierda Democrática Nacional del PRD, participaron en un mitin en el que se exigía al edil de Iguala, el también perredista José Luis Abarca Velázquez –miembro de la corriente Nueva Izquierda–, la entrega de fertilizante. Por unos días no se supo más de ellos, hasta que tres cadáveres (vendados, golpeados, con lesiones de armas punzocortantes y baleados) fueron encontrados en el tramo Mezcala-Iguala, de la carretera federal México-Acapulco. Otros cuatro, según narraron, lograron escapar de sus captores, y uno más permanece desaparecido. La indignación de la UP llegó al punto de destrozar las

---

[28] "Atentan contra el fundador del MULT en el centro de Oaxaca", *La Jornada*, 22 de agosto de 2012; "Asesinan en Oaxaca a ex munícipe y maestro de la Sección 22 del SNTE", *La Jornada*, 27 de septiembre de 2012; "Hallan asesinado en Veracruz a un dirigente cañero", *La Jornada*, 11 de julio de 2012; "Ejecutan pistoleros a dirigente cañero en Veracruz", *La Jornada*, 9 de octubre de 2012.

[29] "Matan a barzonista y a su esposa", *Reforma*, 23 de octubre de 2012; "Va a haber más muertos", *Proceso*, 4 de noviembre de 2012; "Señalan barzonistas conflictos por agua", *Reforma*, 30 de octubre de 2012.

instalaciones del ayuntamiento ante la frustración de no encontrar al munícipe. Por su parte, la dirección nacional del instituto político exhortó a la PGR a investigar el "artero asesinato", mientras una de las viudas estaba cierta de que "el crimen organizado y el gobierno están coludidos; eso es un secreto a voces".[30]

Muerte al mensajero

En su informe de 2011, Article 19 mostró las difíciles condiciones que enfrentan los periodistas en nuestro país. De entrada el recuento es desolador: "nueve asesinatos contra periodistas, dos asesinatos de trabajadores de medios, dos desapariciones de comunicadores y ocho agresiones con armas de fuego o explosivos contra instalaciones..."[31]

Donde se documentaron más agresiones fue en Veracruz (29), Distrito Federal (21), Chihuahua (15), Coahuila (15) y Oaxaca (11). Incluso, para protegerlos, las empresas noticiosas reubicaron en otros estados a muchos periodistas de la entidad jarocha, sobre todo después del asesinato de cinco comunicadores a mediados de 2012. Sin embargo, esto no obstó para que en abril de 2013 la fantasmal Asociación Mexicana de Editores de Periódicos (AME) cometiera el despropósito de reconocer al gobernador Javier Duarte Ochoa como "defensor de la libertad de expresión" y "protector de periodistas". Como rúbrica de esta pifia, el 11 de enero de 2014 apareció muerto en el puerto de Veracruz el reportero policíaco Gregorio Jiménez, el décimo periodista asesinado en la administración de ese nuevo paladín de la libertad de expresión.[32]

---

[30] "Encuentran muertos a 3 perredistas en Guerrero", *La Jornada*, 4 de junio de 2013; "Crimen político, el asesinato de miembros de la UP, afirma viuda", *La Jornada*, 5 de junio de 2013.

[31] Article 19, *Silencio forzado*, p. 9.

[32] Ibid., p. 10; Noe Zavaleta, "Para el gobernador Duarte, el premio de la vergüenza", *Proceso*, 7 de abril de 2013; Daniel Moreno Chávez, "Prensa bananera", *Más por más*, 8 de abril de 2013; "Encuentran muerto al periodista veracruzano Gregorio Jiménez", *Animal Político*, 11 de febrero de 2014; Noé Zavaleta, "Sin paz, sin orden, sin ley", *Proceso*, 16 de febrero de 2014.

Cuadro 4

Estado	Periodistas asesinados (2000-2011)	Periodistas desaparecidos
Tamaulipas	11	–
Chihuahua	10	–
Veracruz	9	2
Guerrero	8	2
Michoacán	4	4
Oaxaca	4	–
Estado de México	3	–
Durango	3	–
Sinaloa	3	–
Nuevo León	2	2
Coahuila	2	1
Distrito Federal	2	–
Sonora	1	1
Tabasco	1	1
Jalisco	1	–
Baja California	1	–
Quintana Roo	1	–
TOTAL	66	13

Fuente: Article 19, *Silencio forzado*, pp. 22-23.

Desde otras ciudades de provincia también emigraron a la capital de la República 18 informadores, y había 7 periodistas victimados para noviembre de 2012. El 3 de marzo de este año, acribillaron al director de un diario digital en Ojinaga, Chihuahua, con lo que se registró el primer asesinato de un periodista en la administración del priista Enrique Peña Nieto. Cuatro días después, retuvieron durante diez horas a cinco trabajadores de *El Siglo de Torreón*, en cuatro puntos relativamente distantes de la región de La Laguna, acción atribuida a *Los Danys*. Y, la madrugada del 24 de abril, encontraron en Saltillo el cadáver mutilado de un fotógrafo del diario *Vanguardia*. Cabe decir que, desde julio de 2010, los secuestros de trabajadores de los medios se volvieron moneda corriente en la comarca lagunera, si bien, según el hasta hace poco editor de *El Siglo de Torreón*, disminuyeron sustancialmente en 2013.[33]

Si tomamos como referencia para el período 2000-2011 el número de muertes (66) –53 acaecidas en el último lustro– y el de desapariciones forzadas (13), Tamaulipas (11), Chihuahua (10), Veracruz (9) y Guerrero (8), encabezan la lista. Salvo Tamaulipas, las demás entidades estaban desde hace varias décadas cuando menos por encima del promedio nacional de muertes violentas, por lo que no sorprende que los asesinatos de periodistas sean numerosos. Pero esto no quiere decir que fueran causados exclusivamente por el crimen organizado, que ha infiltrado las redacciones de algunos diarios de provincia, dado que habitualmente los ataques contra la libertad de expresión los lleva a cabo el propio Estado.[34]

Tras seis años de funcionamiento, la Fiscalía Especial para la Atención de Delitos cometidos contra la Libertad de Expresión (FEADLE) solamente había conseguido una sentencia condenatoria, creando un incentivo perverso para reproducir la impunidad. Llama la atención que, "en democracia", el principal violador de las garantías de los informadores sea el propio Estado, los servidores públicos de los tres niveles de gobierno y las fuerzas de seguridad, si vale la distin-

---

[33] "Obliga crimen al desplazamiento de periodistas", *El Universal*, en línea, 18 de septiembre de 2012; "SIP condena el asesinato de periodista en Puebla", *El Universal*, en línea, 15 de noviembre de 2012; "Asesinan a periodista en Chihuahua", *El Universal*, en línea, 4 de marzo de 2013; Javier Garza Ramos, "Lecciones bajo la metralla", *El País*, en línea, 6 de marzo de 2013; "Caen 21 por homicidio de candidato priista y ataques a *El Siglo de Torreón*", *La Jornada*, 8 de marzo de 2013; Juan Alberto Cedillo, "El periodismo, acosado", *Proceso*, 10 de marzo de 2013; "Cae presunto agresor de gente de *El Siglo de Torreón*", *La Jornada*, 20 de marzo de 2013; "Condena SIP asesinato de periodista en México", *El Universal*, en línea, 25 de abril de 2013; "La estrategia del gobierno está siendo más contundente que en años anteriores", *El País*, en línea, 27 de octubre de 2013.

[34] Article 19, *Silencio forzado*, pp. 10, 22-23; Flores Nández, *La farsa detrás de la guerra contra el narco*, pp. 199-202; Escalante Gonzalbo, "Homicidios 1990-2007", 2009; Turati, *Fuego cruzado*, pp. 247-248. Al comenzar 2014, el total de periodistas asesinados a partir del 2000 ascendía a 87. "Investiga CNDH homicidio de periodista en Guerrero", *El Universal*, en línea, 24 de enero de 2014.

ción entre el Estado y sus personeros en un entramado institucional en el que manda no está sujeto a ninguna regla o código de ética: cerca del 54% de las agresiones sufridas por los periodistas en los pasados tres años fueron responsabilidad de los funcionarios gubernamentales y órganos de seguridad (prácticamente en partes iguales), en tanto que poco más del 13% es imputable al hampa, así como casi el 16% de los asesinatos de periodistas.[35]

Un análisis muy sugerente sobre el asesinato de periodistas en México, del que tomamos la gráfica que presentamos a continuación, además de mostrar la intensidad del fenómeno expone la singularidad del patrón mexicano: la presencia criminal no es la que potencia el fenómeno, sino el enfrentamiento directo entre los cárteles, de tal manera que a los periodistas "incómodos" "los matan los Zetas y los grupos criminales de reciente creación cuando éstos se encuentran circunstancialmente enfrentándose unos a otros".[36]

Que en medio de la guerra contra el crimen organizado el Estado sea el principal agresor de los comunicadores es alarmante, no únicamente porque no se ha revertido el patrón histórico del Estado autoritario que castigaba la opinión crítica y el disenso, sino porque ahora los periodistas están doblemente expuestos (a la delincuencia organizada y al Estado) y, dado el patético *average* de la FEADLE, para fines prácticos carecen de cualquier defensa creíble, tan es así que el reporte de 2012 del Comité de Protección de los Periodistas (CPJ) situaba a México en el séptimo lugar de impunidad a escala mundial, caracterizaba al sexenio calderonista como "uno de los más violentos para la prensa que jamás se haya registrado en el mundo".[37]

---

[35] Article 19, *Silencio forzado*, pp. 24-25. Actualmente suman dos sentencias condenatorias. Ríos, "¿Quién mata a los periodistas?", p. 50. Para un análisis sobre los responsables de los asesinatos de periodistas véanse González y Sandoval, "Comentarios de Artículo 19 a Viridiana Ríos", *Nexos*, en línea, 21 de agosto de 2013; "Respuesta de Viridiana Ríos a Artículo 19", *Nexos*, en línea, 22 de 2013.

[36] Ríos, "¿Quién mata a los periodistas?", p. 52.

[37] Rafael Croda, "Cuotas de muerte", *Proceso*, 7 de julio de 2013; "Sexenio de FCH, el más violento para la prensa: CPJ", *El Universal*, en línea, 14 de febrero de 2013.

Periodistas asesinados (2004-2013)[38]

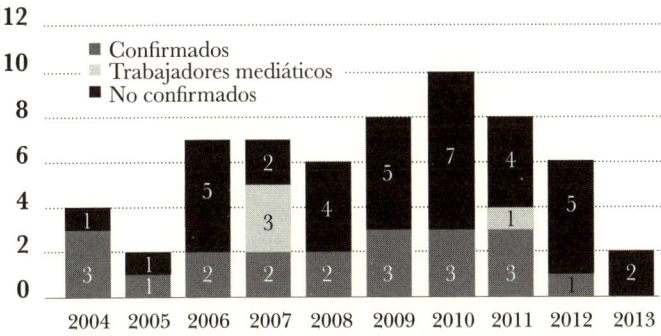

Nota: Se considera "caso confirmado" aquel en que las investigaciones han determinado que la víctima fue asesinada en estricta relación con su labor periodística. Los trabajadores mediáticos (camarógrafos, fotógrafos, etcétera) asesinados han sido clasificados independientemente de los periodistas. Fuente: Committee to Protect Journalists, 2013.

El discurso gubernamental oculta su responsabilidad en la violencia hacia los periodistas endosándosela exclusivamente a los criminales. En la presentación del Informe de Actividades de la CDNH el 5 de marzo de 2010, el primer mandatario dijo sin ruborizarse que

la principal amenaza del pleno ejercicio de la libertad de expresión proviene, precisamente, del crimen organizado. Quienes someten, secuestran, levantan y, finalmente, asesinan, por desgracia, a los periodistas son criminales sin escrúpulos, que se sienten, precisamente, dueños de la sociedad y que no toleran ningún señalamiento y ninguna crítica. Son los criminales, con sus acciones violentas, los que ahora censuran, los que ahora amenazan, los que ahora limitan la labor de los comunicadores.[39]

[38] Ríos, "¿Quén mata a los periodistas?", p. 50.
[39] Presidencia de la República, "Discurso del presidente Calderón en el Informe de Actividades de la CNDH del 1 de enero al 31 de diciembre de 2009", 5 de marzo de 2010.

173

Por si no bastara, en el pasado reciente las acciones criminales contra informadores no provienen ya de un actor particular, pues frecuentemente la delincuencia y las autoridades unen fuerzas para atacarlos. Como hemos tratado de mostrar en este volumen, la frontera difusa entre los grupos criminales y el Estado vuelve aún más vulnerable a la sociedad, complica en extremo el combate a la delincuencia organizada y desautoriza la guerra emprendida para acabar con ella, dado que no es claro dónde está el enemigo, quiénes son sus principales aliados y cuál es la fuerza real que posee. Si únicamente dentro del círculo presidencial y en el gabinete de seguridad se sabe quiénes son los "buenos", podemos dar la guerra por perdida. Haciéndose cargo de esta complicada madeja de complicidades, *El Diario* de Ciudad Juárez publicó en primera plana el 19 de septiembre de 2010 una carta abierta cuyos destinatarios eran los "señores de las diferentes organizaciones que se disputan la plaza", indubitables "autoridades de facto en esta ciudad", evitando emplear la palabra cártel –dice Ed Vulliamy– "para abarcar todas las posibilidades relativas a quienes podrían ser los asesinos [del fotógrafo Luis Carlos Santiago Orozco], incluidos políticos, policía, pandillas y ejército".[40]

Los defensores de los derechos humanos también son víctimas del fuego cruzado entre el Estado y la delincuencia organizada, o de la colusión de la violencia descontrolada de ambos, esto por no mencionar a los grupos de poder económico que son capaces de eliminar a quienes obstruyen la expansión de sus negocios. Como en el caso de los periodistas, cualquier investigación independiente que pueda hacerse pública es cortada de tajo; matar al mensajero constituye la salida más fácil. En ello parece haber un consenso tácito entre la delincuencia organizada y el Estado autoritario. Éste, que sistemáticamente renunció a aquella obligación cuando se trató de asesinatos políticos, incluido el fiasco de la fiscalía foxista en esta materia, abdicó de la responsabilidad de ofrecer seguridad y garan-

<hr>

[40] Article 19, *Silencio forzado*, p. 14; Flores Nández, *La farsa detrás de la guerra contra el narco*, p. 109; *El Diario*, en línea, 16 de septiembre de 2012; Ed Vulliamy, "Mientras Juárez cae", *Letras Libres*, marzo de 2011, pp. 65-66. Se citan los dos últimos.

tizar las libertades de los ciudadanos, con mayor razón tratándose de quienes están amenazados por el hampa.[41] En el primer año de la guerra calderonista, las agresiones sufridas por los defensores de los derechos humanos fueron prácticamente el doble de las del 2006, mostrando una baja durante los dos años siguientes, pero sin volver al punto inicial. De los 128 casos registrados por la Oficina en México del Alto Comisionado de las Naciones Unidas para los Derechos Humanos para el período 2006-2009, Oaxaca (26), el Distrito Federal (20), Guerrero (19), Chiapas (13), Chihuahua (11), Jalisco (10), Coahuila (6), el Estado de México (5) y Nuevo León (5), son las entidades con mayor incidencia: 10 de las personas agredidas perdieron la vida. Una vez más las instancias de procuración de justicia han quedado a deber muchísimo a la sociedad, ya que sólo en el 1.5% de los casos fueron procesados y sancionados los responsables.[42]

De los casos en que se conoce el autor de la agresión (aproximadamente la mitad), casi siempre ésta procede de los tres niveles de gobierno o de los órganos de seguridad, por lo que podemos suponer que la violencia del crimen organizado está oculta en la franja de la cual se ignora quién la perpetra. Los defensores de los derechos de los pueblos originarios (22), los vinculados con el conflicto oaxaqueño de 2006 (16), con la protección de los recursos naturales (14), de los derechos de la mujeres (11), de la protesta social (10) y de la libertad de expresión (10) son los más acosados.[43]

No está de más mencionar que en 2007 ocurrieron los asesinatos del ambientalista indígena Aldo Zamora, victimado en Santa Lucía, Estado de México; Santiago Rafael Cruz, defensor de migrantes liquidado en Monterrey; Ricardo Murillo Monge, fundador del Frente Cívico Sinaloense, asesinado en Culiacán. Que en 2008 mataron a Fernando Mayén, abogado defensor de 90 ejidatarios de la comunidad de San Luis Ayucán, por oponerse a la construcción de un

[41] Amnistía Internacional, *Exigiendo justicia y dignidad*, p. 3.
[42] Oficina en México del Alto Comisionado de Naciones Unidas para Derechos Humanos, *Defender los derechos humanos entre el compromiso y el riesgo*, pp. 4, 8, 13.
[43] Ibid., p. 15.

relleno sanitario. Que en 2009 ejecutaron a Raúl Lucas Lucía y Manuel Ponce Rosas, presidente y secretario de la organización para el Futuro de los Pueblos Mixtecos (OFPM), en Tecoanapa, Guerrero; a Raúl Ángel Mandujano Gutiérrez, director de Atención a Migrantes de la Secretaría para el Desarrollo de la Frontera Sur del gobierno del estado de Chiapas y colaborador de la Red Local Anti Trata, en Tapachula; a Paz Rodríguez, defensor de los derechos humanos, en Nuevo Casas Grandes, Chihuahua; Alicia Salaiz Orrantía, esposa de éste y cofundadora del Comité de Derechos Humanos Asociación Civil, en el Valle de Juárez, Chihuahua. El año anterior desconocidos habían matado al hijo de ambos. Que en 2010 acribillaron a Josefina Reyes, defensora de los derechos humanos en el Valle de Juárez, Chihuahua. Que en 2011 victimaron a Trinidad de la Cruz Crisóstomo y Nepomuceno Moreno Muñoz, miembros del MPJD. Que en 2012 liquidaron a la lideresa ecologista Juventina Villa Mojica y a su hijo en el municipio de Coyuca de Catalán. Que en 2013 lapidaron en Amatlán de los Reyes, Veracruz, al ambientalista Noé Salomón Vázquez Ortiz, quien se oponía al proyecto hidroeléctrico El Naranjal y Bandera Blanca, en la región de Zongolica, y asesinaron en Mexcaltepec, municipio de Atoyac, a Rocío Mesino Mesino, lideresa de la Organización Campesina de la Sierra del Sur (OCSS). Que también en ese año, ejecutaron en Coyuca de Benítez al líder de la Organización Popular de Productores de la Costa Grande (OPPCG), a su esposa y a uno de sus primos. Que en noviembre de 2013 asesinaron en Atoyac a Juan Lucerna Ríos y José Luis Sotelo Martínez, líderes de la comunidad de El Paraíso que preparaban la formación de una policía comunitaria. Ante la decepción por los pobres resultados de las dos reuniones del MPJD con Felipe Calderón, una de sus representantes lamentó que "algunas de las víctimas que estrecharon la mano del presidente en los dos encuentros ahora están muertos [...] tales son los casos de don Nepomuceno, la señora Eva, el señor Marcial, Pedro Leyva y don Trino, quienes formaron parte de las mesas".[44]

---

[44] Amnistía Internacional, *Exigiendo justicia y dignidad*, pp. 4-8; "Asesinan a un activista en Sinaloa", *La Jornada*, 7 de septiembre de 2007; "Abre la CNDH investigación sobre el asesinato del activista Ricardo Murillo", *La*

La democracia amenazada

La frontera de la impunidad la traspasan por igual la delincuencia organizada, la empresa privada –que va en pos de las tierras comunales, los recursos naturales, el mercado inmobiliario, entre otros– y el Estado que no tutela las garantías ciudadanas, en particular las de los indígenas, no controla el territorio, como acabamos de ver, e incluso ejerce la violencia ilegal contra los más débiles. Los tres combaten a quienes resisten, van juntos en silenciar las voces que registran sus abusos y en liquidar a los defensores de los derechos humanos, esto es, el recurso del que se ha dotado la sociedad para resguardarse, para llenar el vacío de la inacción gubernamental. Éstos constituyen los saldos de la decisión irreflexiva de emprender la guerra contra un enemigo mal identificado, con instituciones públicas penetradas por el hampa, con un sistema financiero que

Jornada, 9 de septiembre de 2007; Luis Hernández Navarro, "Raúl Lucas: siembra odio y cosecha ira", *La Jornada*, 24 de febrero de 2009; "Muerte y persecución enfrentan activistas ambientales del país", *La Jornada*, 31 de diciembre de 2009; "La narcoviolencia ha aumentado la vulnerabilidad de los defensores de los derechos humanos; enfrentan impunidad y corrupción", *El Universal*, en línea, 23 de noviembre de 2009; "Asesinan en Chihuahua al defensor de derechos humanos Paz Juárez", *La Jornada*, 10 de noviembre de 2009; "Levantan a activista en Juárez", *La Jornada*, 20 de noviembre de 2009; "Asesinan pistoleros a joven activista de la Autónoma de Juárez", *La Jornada*, 30 de noviembre de 2009; "Defensores de garantías viven 'la etapa más oscura'", *El Universal*, en línea, 10 de diciembre de 2010; "Matan a activista del Movimiento por la Paz", *La Jornada*, 29 de noviembre de 2011; "Activismo y delincuencia, líneas en el caso Nepomuceno", *El Universal*, en línea, 29 de noviembre de 2011; "Condena generalizada al asesinato de Trinidad de la Cruz", *La Jornada*, 9 de diciembre de 2011; "Demandan esclarecer el crimen de lideresa ecologista", *El Universal*, en línea, 30 de noviembre de 2012; "Asesinan a ambientalista opositor al proyecto hidroeléctrico en Veracruz", *La Jornada*, 3 de agosto de 2013; "Asesinan en Guerrero a la líder campesina Rocío Mesino Mesino", *La Jornada*, 20 de octubre de 2013; "Asesinan a líder de la OPPCG y a su esposa en Guerrero", *El Universal*, en línea, 10 de noviembre de 2013; Luis Hernández Navarro, "Guerrero y la nueva guerra sucia", *La Jornada*, 10 de diciembre de 2013; "Ven víctimas incumplimiento de Calderón", *Reforma*, 10 de octubre de 2012.

no transparenta suficientemente la fuente de sus activos,[45] sin órganos de inteligencia medianamente profesionales, con un aparato judicial inoperante y, además, sin un amplio consenso de la población, que en última instancia pagará las consecuencias de los errores de quienes gobiernan. Pero también lo son de un Estado autoritario que no acaba de irse y cuya actualización es el estado de guerra que la administración panista impuso *de facto* a la sociedad mexicana, conduciéndola por una ruta difícil de desandar y activando el engranaje de la violencia desbordada. Siguiendo al mariscal Von Clausewitz, el gobierno neoconservador encontró en la guerra la continuación de la política por otros medios y, en vez de desmontar el Estado autoritario y reformar el régimen político, expectativa de muchos con la alternancia, decidió afianzar el *statu quo* vuelto ahora contra la democracia.[46]

El reclamo de seguridad por parte del conjunto de la sociedad y de mano dura por un segmento de ella que, atemorizada, exigía controlar la insubordinación popular manifiesta en 2006, constituyó para Felipe Calderón el aval para embarcar al país en una aventura militar de pronóstico reservado y tratar infructuosamente de recomponer la maltrecha legitimidad de su mandato presidencial. Combatir el crimen, obligación de todo Estado legalmente constituido, no implica comenzar por la solución extrema sin antes ponderar otras posibilidades, menos todavía si se carece de las herramientas para llegar a la victoria o no existen las condiciones indispensables para reducir el daño a la comunidad. La criminalidad y sus consecuencias negativas, en lugar de menguar con la ocupación del territorio nacional por parte de las fuerzas federales, aumentaron al multiplicarse los actores armados, al desarrollarse la espiral de la violencia con la guerra, al solapar la inveterada violen-

---

[45] Como mostró recientemente la investigación por lavado de dinero de los cárteles de la droga llevada a cabor por la justicia estadounidense sobre la filial mexicana del banco HSBC, que no mereció aquí cargo alguno no obstante que de antiguo se conocían estas anomalías. Su antecesor, el Grupo Financiero Bital, de dudosa reputación, fue uno de los bancos rescatados por la administración de Ernesto Zedillo. "Desde 2002, HSBC México sabía del lavado de dinero", *Milenio,* en línea, 17 de julio de 2012.

[46] Salazar Ugarte, *Crítica de la mano dura,* p. 43.

cia en contra de las clases subalternas y al dejar a su suerte a periodistas y promotores de los derechos humanos.

En su afán por reducir al orden a las clases subalternas y de doblar la resistencia a la política del capital más por la vía de la fuerza que por la cooptación practicada durante el priato, el régimen panista socavó los liderazgos populares y debilitó sus organizaciones sin darse cuenta siquiera de que al desestructurar los agregados sociales existentes lo que provocaría sería todavía más violencia.

No le bastó con el severo desajuste que en el mundo del trabajo provocó la reconversión industrial ni el desempleo o la precarización laboral que trajo consigo, por lo que también emprendió una ofensiva legal y material contra los sindicatos menos dóciles y de las áreas estratégicas que la administración deseaba privatizar, perdiendo así los hilos de la gobernabilidad democrática y renunciando a entablar un nuevo pacto social con los subalternos que enterrara el corporativismo heredado del régimen de la Revolución mexicana. Con un desprecio clasista por éstos, pensando que la clase media sería una base social adecuada y suficiente, contemplándose narcisistamente en el espejo de estos sectores urbanos (blancos, letrados y católicos), el régimen panista desatendió la interlocución política con las clases populares del campo y la ciudad, a no ser por los programas asistenciales que puso en práctica, sobre todo en materia de salud. Hacia los indígenas no tuvo política alguna, aparte de dejar hacer a los caciques locales, a los grupos paramilitares y despejar el terreno a las empresas trasnacionales para que se apropiaran de sus recursos. Hoy como autodefensas –ilegales también– responden estos pueblos tratando de preservar su integridad y recursos naturales pero, lamentablemente, haciendo crecer los contingentes armados y, consecuentemente, potenciando el conflicto.

Para Bernard Williams los derechos humanos son tales cuando al negarse uno de ellos a una persona se le daña o lesiona. Ahora bien, ¿la libertad de expresión constituye un derecho fundamental? Lo es, responde el filósofo, si bien aclara que no por las razones que suelen argumentarse en favor de la libertad individual, sino porque "la libertad de palabra está involucrada en hacer efectiva cualquier crítica de lo que un régimen está haciendo".[47] Más que el derecho a manifestar una opinión (la perspectiva liberal), lo verdaderamente relevante es proveer a la sociedad de elementos de información para que discierna de mejor manera las cuestiones públicas, para advertirla de lo que acontece en su entorno y permitirle protegerse de los abusos del poder, como ocurría en el absolutismo y como aún acontece en muchos países, entre ellos el nuestro. Por eso la labor de los periodistas es esencial dentro de un régimen democrático y por eso también es necesario garantizar su integridad para que realicen mejor su función de informar a la sociedad. Desgraciadamente, la discusión pública durante la alternancia se ha dirigido más a "defender" el derecho de los monopolios televisivos a participar en el rentable mercado de la publicidad política que a proteger a los periodistas del propio Estado (el principal violador de sus garantías según apuntamos antes), de la delincuencia y de los poderes fácticos que han extendido considerablemente su dominio en los sexenios panistas.

La información es un bien público y el acceso a ella un aspecto fundamental de la sociedad democrática. Si los asesinatos y el hostigamiento a los comunicadores en lugar de cesar aumentan, evidentemente no vamos en la ruta correcta. No es con más soldados en las calles sino con el abatimiento de la impunidad como esta tendencia puede revertirse. La FEADLE, como otras tantas fiscalías especiales que puso en marcha la administración federal, no ha servido para nada, tanto por la improvisación con que se formó como porque el gobierno ha sido incapaz de generar un mensaje convincente que muestre que la defensa de los periodistas va en serio, y que no tolerará que se vulneren sus derechos, menos aún por parte de los funcionarios públicos y órganos de seguridad. Esto simplemente no ha sucedido y nada indica que ocurrirá en el corto plazo.

Los ataques dirigidos contra los defensores de los derechos humanos también van en aumento, como advierten Amnistía Internacional y el Alto Comisionado de las Naciones Unidas para los Derechos Humanos, lo que prueba la existencia de una violencia sistemática contra los líderes sociales, sus familias y comunidades, pero también

---

[47] Williams, *En el principio era la acción*, p. 107.

hacia quienes los denuncian (periodistas o defensores de los derechos humanos), violencia que además pretende ocultarse agrediéndolos.

Podríamos hablar entonces de una "violencia de segundo grado", de la que perpetra no sólo los crímenes sino evita cualquier registro, que busca imposibilitar tanto que se haga justicia como que la sociedad se entere de lo que ocurre a sus espaldas. Ésa es la violencia propia del poder: la que desaparece las huellas y tampoco deja testigos, la que únicamente tolera el silencio. No es reciente, viene del viejo Estado autoritario en el que el castigo llegaba sólo para quienes caían en desgracia política; pero al parecer ha crecido en el estado de guerra impuesto al país sin consulta previa, sin una evaluación cuidadosa de los posibles daños y sin ningún calendario de retirada: la guerra sin estrategia a la que nos condenó el gobierno. "Felipe Calderón será recordado como el presidente de la violencia, como el presidente de una guerra inútil, una guerra perdida...", señaló hace unos meses Javier Sicilia.[48]

Sin entrar a discutir aquí cuánto ha penetrado el crimen organizado a la democracia –financiando campañas, comprando favores, regalando despensas, induciendo el miedo, prestando su maquinaria a algún candidato o asesinando a otro–, lo cierto es que está contaminada de origen por las excrecencias de un aparato autoritario que no ha sido desmontado por la alternancia y que de antiguo trabó estrechos nexos con la delincuencia, incluido el narcotráfico. La policía y el ejército, que actuaron con toda impunidad para acabar con la guerrilla desde la década de 1960, en el "gobierno del cambio" intervinieron sin contención alguna y al margen de la ley en la demencial cruzada calderonista contra la delincuencia organizada. En ambos casos la afectación a terceros, frecuentemente comunidades enteras, no mereció la atención de la justicia mexicana, pues las escasas acciones han corrido por parte de las instancias internacionales, gracias a la admirable tenacidad de los familiares de asesinados y desparecidos. Varios comandantes y generales pasaron a mejor vida sin que se esclareciera su responsabilidad penal

---

[48] "Calderón 'se va como un criminal'; incumplió su misión con el país", entrevista de Sanjuana Martínez a Javier Sicilia, *La Jornada*, 26 de agosto de 2012.

en diversos actos represivos y prácticas asesinas que dañaron enormemente a la sociedad. El ciclo panista en el gobierno federal que inició con la promesa de una comisión de la verdad para los crímenes políticos del pasado, cerró con la demanda de otra comisión que recupere la condición de sujetos para las víctimas de una guerra injusta que los convirtió en mera estadística,[49] en un fardo de cadáveres sin nombre.

[49] Ibid; "Se carece de una cifra oficial de muertos en el sexenio de Calderón: Osorio Chong", *La Jornada*, 16 de febrero de 2013.

Fuentes y bibliografía

Informes, discursos y comunicados

Amnistía Internacional, *Exigiendo justicia y dignidad. Defensores y defensoras de los derechos humanos en México*, Londres, 2010.

_____, *Culpables conocidos, víctimas ignoradas. Tortura y maltrato en México*, México, 2012.

Article 19, Oficina para México y Centroamérica, *Silencio forzado. El Estado, cómplice de la violencia contra la prensa en México. Informe 2011*, México, 2012.

Astorga, Luis, "Drug Trafficking in Mexico: A First General Assessment", documento de discusión n. 36, s.f.

Brigada de Ajusticiamiento 2 de Diciembre, "Manifiesto a la nación n. 2", 30 de agosto de 2006.

Coordinadora Regional de Autoridades Comunitarias-Policía Comunitaria (CRAC-PC), "11 años de lucha por la seguridad y la justicia. 11 años de lucha contra la exclusión y el olvido", 15 de octubre de 2006.

CRAC-PC, "Comunicado de las comunidades fundadoras de la Coordinadora Regional de Autoridades Comunitarias-Policía Comunitaria", Territorio comunitario, 2 de junio de 2013.

CRAC-PC, Comité Ejecutivo de la Policía Comunitaria, "Comunicado de prensa", San Luis Acatlán, Gro., Territorio comunitario, 13 de enero de 2013.

CRAC-PC, Comité Ejecutivo de la Policía Comunitaria, "Comunicado de prensa", San Luis Acatlán, Gro., Territorio comunitario, 29 de enero de 2012.

CRAC-PC, "Comunicado", San Luis Acatlán, Gro., Territorio comunitario, 13 de febrero de 2013.

Departamento de Estado, "Reaction to assassination of Garza Sada", Monterrey, Nuevo León, 18 de septiembre de 1973.

Departamento de Estado, "Death of Lucio Cabañas Barrientos", México, D.F., 4 de diciembre de 1974.

Gorman, F. Paul (US Army retired general), "Illegal Drugs and US Security", *Report to the President and the Attorney General by the President's Commission on Organized Crime*, 1985 [publicado como Appendix G, el 24 de enero de 1986].

Human Rights Watch, *Los desaparecidos de México. El persistente costo de una crisis ignorada*, México, 2013.

INEGI, Censo General de Población y Vivienda, 2010.

International Crisis Group, "Justice at the Barrel of a Gun: *Vigilante Militias in Mexico*", 28 de mayo de 2013.

Office of National Drug Control Policy. Executive Office of the President, Fact Sheet, 2012.

ONU, Oficina en México del Alto Comisionado de Naciones Unidas para Derechos Humanos, *Defender los derechos humanos entre el compromiso y el riesgo. Informe sobre la situación de las y los defensores de derechos humanos en México*, México, 2010.

Organización Revolucionaria Armada del Pueblo de Oaxaca, "Comunicado del 2 de octubre de 2006".

Presidencia de la República, "XXV Sesión del Consejo Nacional de Seguridad pública", 28 de noviembre de 2008.

_____, "Discurso del presidente Calderón en el Informe de Actividades de la CNDH del 1 de enero al 31 de diciembre de 2009", 5 de marzo de 2010.

_____, "Ceremonia conmemorativa del día internacional de la lucha contra el uso indebido y el tráfico ilícito de drogas", 27 de junio de 2011.

_____, "Jornada ciudadana por la seguridad y la justicia", 14 de octubre de 2011.

_____, "Fragmento del mensaje del presidente Felipe Calderón por el 5º año de gobierno", 4 de diciembre de 2011.

_____, "Puebla, orgullo de México", 5 de mayo de 2012.

Bibliografía

Agamben, Giorgio, "El gobierno de la inseguridad", en Laval y otros, *Pensar desde la izquierda...*, 2012, pp. 25-35.

Aguayo Quesada, Sergio, *La Charola. Una historia de los servicios de inteligencia en México*, México, Grijalbo, 2001.

Aguilar Camín, Héctor, y Jorge G. Castañeda, *Un futuro para México*, México, Punto de Lectura, 2010.

Aguilar Valenzuela, Rubén, y Jorge G. Castañeda, *El narco: la guerra fallida*, México, Punto de Lectura, 2009.

_____, *Los saldos del narco: el fracaso de una guerra*, México, Punto de Lectura, 2012.

Airaksinen, Timo, y Martin A. Bertman (coords.), *Hobbes: War among Nations*, Vermont, Avebury, 1989.

Almazán, Alejandro, "La tropa loca", en Osorno, *País de muertos*, 2011, pp. 121-137.

Arias, Alan, *Felipe Calderón, debilidades y fortalezas de un gobierno*, México, Gernika, 2012.

Arrighi, Giovanni, Terence K. Hopkins e Immanuel Wallerstein, *Movimientos antisistémicos*, Madrid, Akal, 1999.

Balibar, Étienne, *Violencias identidades y civilidad. Para una cultura política global*, Barcelona, Gedisa, 2005.

Bellingeri, Marco, *Del agrarismo armado a la guerra de los pobres, 1940-1974*, México, Juan Pablos/Gobierno del Distrito Federal, 2003.

Benítez Manaut, Raúl, "La iniciativa Mérida: nuevo paradigma en la relación de seguridad México-Estados Unidos-Centroamérica", *Revista Mexicana de Política Exterior*, n. 87, 2009, pp. 215-242.

Beauregard, Luis Pablo, "Lázaro Cárdenas: puerto de aguas turbulentas", *Nexos*, diciembre de 2013, pp. 40-43.

Calveiro, Pilar, *Violencias de Estado. La guerra antiterrorista y la guerra contra el crimen como medios de control global*, Buenos Aires, Siglo XXI, 2012.

Campbell, Howard, *Drug War Zone. Frontline Dispatches from the Streets of El Paso and Juarez*, Austin, Universidad de Texas Press, 2009.

Casanova, Julián (comp.), *Guerras civiles en el siglo XX*, Madrid, Fundación Pablo Iglesias, 2001.

Castañeda, Jorge G., y Marco A. Morales, *Lo que queda de la izquierda. Relatos de las izquierdas latinoamericanas*, México, Taurus, 2010.

Castellanos, Laura, *México armado 1943-1981*, México, Era, 2007.

Chomsky, Noam, "Plan Colombia", en *Rogue States*, Cambridge, South End Press, 2000.

Davis, Mike, *Planeta de ciudades miseria*, Madrid, Foca, 2007.

_____, "Los suburbios de las ciudades del Tercer Mundo son el nuevo escenario geopolítico decisivo", entrevista a Mike Davis, *Sociología Crítica*, 5 de febrero de 2010 [publicación digital].

De la Calle, Luis, y Luis Rubio, "Clasemedieros", *Nexos*, en línea, mayo de 2010.

Ernst, Falko, "En territorio templario", *Nexos*, septiembre de 2013, pp. 52-54.

Escalante Gonzalbo, Fernando, "Homicidios 1990-2007", *Nexos*, en línea, septiembre de 2009.

_____, "Homicidios 2008-2009: la muerte tiene permiso", *Nexos*, en línea, enero de 2011.

Esquivel, J. Jesús, *La DEA en México. Una historia oculta del narcotráfico contada por los agentes*, México, Grijalbo, 2013.

Estrada Saavedra, Marco, "La anarquía organizada: las barricadas como el subsistema de seguridad de la Asamblea Popular de los Pueblos de Oaxaca", *Estudios Sociológicos*, vol. XXVIII, n. 84, 2010, pp. 903-939.

Fernández Menéndez, Jorge, *El otro poder. Narcotráfico, política y violencia en México*, México, Punto de Lectura, 2001.

Flores Nández, Nancy, *La farsa detrás de la guerra contra el narco*, México, Océano, 2012.

García, Alejandro, "Factorías del crimen: México y Colombia, oleadas o persistencia de la violencia", *Sociología Histórica*, n. 2, 2013, pp. 355-380.

Gasparello, Giovanna, "Policía Comunitaria de Guerrero, investigación y autonomía", *Política y Cultura*, n. 32, 2009, pp. 61-78.

Giber, John, "Afán de impunidad", en Osorno, *País de muertos*, 2011, pp. 139-165.

González, Ricardo, y Francisco Sandoval, "Comentarios de Artículo 19 a Viridiana Ríos", *Nexos*, en línea, 21 de agosto de 2013.

Grover, Robinson A., "Hobbes and the Concept of Internacional Law", en Airaksinen y Bertman, *Hobbes...*, 1989, pp. 79-90.

González, Lilián, y otros, *El respeto a nuestra tierra es justicia. ¡No a las mineras!* , México, Comisión de Salud de la CRAC, 2011.

Guerrero Gutiérrez, Eduardo, "2011: la dispersión de la violencia", *Nexos*, en línea, febrero de 2012.

_____, "La estrategia fallida", *Nexos*, en línea, diciembre de 2012.

_____, "Nuevas coordenadas de la violencia", *Nexos*, julio de 2013, pp. 22-26.

_____, "La dictadura criminal", *Nexos*, abril de 2014, pp. 44-52.

Hobbes, Thomas, *Leviatán*, México, FCE, 2001

Hope, Alejandro, "Menos ruido, misma furia", *Nexos*, julio de 2013, pp. 16-20.

_____, "Violencia 2007-2011. La tormenta perfecta", *Nexos*, noviembre de 2013, pp. 36-41.

Illades, Carlos, *Guerrero. Historia breve*, México, FCE/El Colegio de México, Fideicomiso para Historia de las Américas, 2010.

Kaldor, Mary, *La sociedad civil global*, Barcelona, Tusquets, 2005.

Lara, María Pía, "La bancarrota moral", *Nexos*, febrero de 2012, pp. 36-38.

Laval, Christian, y otros, *Pensar desde la izquierda. Mapa del pensamiento crítico para un tiempo de crisis*, Madrid, Errata Naturae, 2012.

Lenin, Vladimir Ilich, "La guerra de guerrillas", en *Obras completas*, México, Salvador Allende, s.f., vol. XI, pp. 213-231.

Madrazo, Alejandro, y Ángela Guerrero, "Más caro el caldo que las albóndigas", *Nexos*, en línea, diciembre de 2012.

Maerker, Denise, "Auxilio, ¿dónde está el Estado?", *Nexos*, abril de 2014, pp. 21-32.

Maldonado Aranda, Salvador, "El futuro de las autodefensas michoacanas", *Nexos*, en línea, abril de 2014.

Mangabeira Unger, Roberto, *La alternativa de la izquierda*, México, FCE, 2010.

Martínez, Christopher, "Transnational Criminal Organizations. Mexico's Commercial Insurgency", *Military Review*, septiembre-octubre de 2012, pp. 58-62.

Merino, José, y Víctor Gómez Ayala, "Cuerpos sin nombre", *Nexos*, en línea, diciembre de 2012.

Montemayor, Carlos, *Chiapas. La rebelión indígena en México*, México, Joaquín Mortiz, 1997.

_____, *Guerra en El Paraíso*, en *Obras reunidas I, Novelas 1*, México, FCE, 2006.

_____, *La violencia de Estado en México. Antes y después de 1968*, México, Random House, 2010.

Moore, Barrington, *La injusticia: Bases sociales de la obediencia y la rebelión*, México, UNAM, 1989.

Gamiño Muñoz, Rodolfo, *Guerrilla, represión y prensa en la década de los setenta en México. Invisibilidad y olvido*, México, Instituto Mora, 2011.

Oikión Solano, Verónica, y Marta Eugenia García Ugarte (comps.), *Movimientos armados en México, siglo XX*, 3 vols., México, El Colegio de Michoacán/CIESAS, 2008.

Osorno, Diego Enrique, *Oaxaca sitiada. La primera insurrección del siglo XXI*, prólogo de Lorenzo Meyer, México, Grijalbo, 2007.

_____, *La guerra de los Zetas*, prólogo de Juan Villoro, México, Grijalbo, 2012.

_____ (comp. e introducción), *País de muertos. Crónicas contra la impunidad*, México, Debate, 2011.

Pereyra, Carlos, *Política y violencia*, México, FCE, 1974.

Pérez Esparza, David, y Eugenio Weigend Vargas, "Más armas, más delitos, más homicidios", *Nexos*, septiembre de 2013, pp. 13-18.

Pineda, Leticia, "La autodefensa de Aguililla", *Nexos*, abril de 2014, pp. 34-39.

Ramírez Salas, Mario, "La relación de la Liga Comunista 23 de Septiembre y el Partido de los Pobres en el estado de Guerrero en la década de los setenta", en Oikón Solano y García Ugarte, *Movimientos armados...*, 2008, II, pp. 527-547.

Rangel Lozano, Claudia E. G., y Evangelina Sánchez Hernández, "La guerra sucia en los setenta y las guerrillas de Genaro Vázquez y Lucio Cabañas en Guerrero", en Oikón Solano y García Ugarte, *Movimientos armados...*, 2008, II, pp. 495-525.

Reveles, José, "Policías comunitarias, autodefensas y paramilitares", *Este País*, agosto de 2013, pp. 4-8.

Rexton Kan, Paul, "En qué nos estamos equivocando con respecto a México", *Military Review*, septiembre-octubre de 2012, pp. 29-38 [versión en castellano].

Ríos, Viridiana, "¿Quién mata a los periodistas?", *Nexos*, agosto de 2013, pp. 50-53.

_____, "Respuesta de Viridiana Ríos a Artículo 19", *Nexos*, en línea, 22 de 2013.

_____, "Autodefensas: el riesgo de no aplicar la ley", *Nexos*, abril de 2014, pp. 58-60.

_____, y Steven Dudley, "La Marca Zeta", *Nexos*, septiembre de 2013, pp. 42-43.

Rivera Velázquez, Jaime, "El abismo michoacano", *Nexos*, septiembre de 2013, pp. 44-51.

Rodríguez Araujo, Octavio, *La reforma política y los partidos en México*, 1979, 7ª ed., México, Siglo XXI, 1984.

Rodríguez Castañeda, Rafael (coord.), *Los generales*, México, Planeta, 2010.

Rodríguez García, Arturo, "Los negocios de la muerte", en Osorno, *País de muertos*, 2011, pp. 93-119.

Ruiz Guerra, Rubén (coord.), *Entre la memoria y la justicia. Experiencias latinoamericanas sobre guerra sucia y defensa de los derechos humanos*, México, UNAM, 2005.

Salazar Cruz, Luz María, *Las viudas de la violencia política. Trayectorias de vida y estrategias de sobrevivencia en Colombia*, México, El Colegio Mexiquense, 2008.

Salazar Ugarte, Pedro, *Crítica de la mano dura. Cómo enfrentar la violencia y preservar nuestras libertades*, México, Océano, 2012.

Santiago, Teresa, *Justificar la guerra*, México, Miguel Ángel Porrúa/UAM, 2001.

_____, *La guerra humanitaria. Pasado y presente de una controversia filosófica*, México, Gedisa/UAM, 2013.

Sicilia, Javier, *Estamos hasta la madre*, México, Planeta, 2011.

Sotelo Marbán, José, *Oaxaca. Insurgencia civil y terrorismo de Estado*, México, Era, 2008.

Tarrow, Sidney G., *El poder en movimiento. Los movimientos sociales, la acción colectiva y la política*, Madrid, Alianza, 2012.

Toro, María Celia, "The Internationalization of Police: The DEA in Mexico", en *Rethinking History and the Nation State: Mexico and the United States, Journal of American History* (número especial), Bloomington, Indiana, 1999, pp. 623-640.

Turati, Marcela, *Fuego cruzado. Las víctimas atrapadas en la guerra del narco*, prólogo de Roberto Zamarripa, México, Grijalbo/Proceso, 2012.

Villalobos, Joaquín, "Doce mitos de la guerra contra el narco", *Nexos*, en línea, enero de 2010.

_____, "Nuevos mitos de la guerra contra el narco", *Nexos*, en línea, enero de 2012.

Von Clausewitz, Karl, *De la guerra*, 3 vols., 3ª ed., México, Diógenes, 1983.

Walther, Michael F., "Insanity: Four Decades of U.S. Counterdrug Strategy", *Carlisle Papers*, 2012, pp. 1-45.

Williams, Bernard, *En el principio era la acción. Realismo y moralismo en el argumento político*, México, FCE, 2012.

Williams, Phil, y Vanda Felbab-Brown, *Drug Trafficking, Violence and Instability*, University of Pittsburgh/Strategic Studies Institute, US Army War College, Pittsburgh, 2012, pp. 1-73.

Wolf, Sonja, "La guerra de México contra el narcotráfico y la Iniciativa Mérida: piedras angulares en la búsqueda de legitimidad", texto que forma parte del proyecto: *Iniciative: Drugs, Gangs, and Public Security in Mexico and Central America*, 2011, pp. 669-714.

Wood, Tony, "Plata y plomo", *New Left Review*, n. 70, 2011, pp. 117-129.

Žižek, Slavoj, *Sobre la violencia. Seis reflexiones marginales*, Barcelona, Paidós, 2009.

Publicaciones periódicas consultadas

Animal Político, México
Article 19, Londres y México
Cambio de Michoacán, Morelia
Diario de Morelos, Cuernavaca
El Diario, Ciudad Juárez
El Economista, México
El Mexicano, Mexicali
El País, Madrid
El Siglo de Torreón, Torreón
El Universal, México
Este País, México

Excélsior, México
La Crónica, México
La Jornada, México
La Jornada de Guerrero, Acapulco
La Jornada de Jalisco, Guadalajara
La Razón, México
Letras Libres, México
Más por más, México
Milenio, México
Nexos, México
Proceso, México
Publimetro, México
Reforma, México
Re-incidente, México

Agencias, portales y blogs

Al Jazeera
Blog de la Redacción, Nexos
Blog del Servicio Internacional para la Paz
Borderland Beat. Reporting on the Mexican Cartel Drug War
CNN México
Fox Contigo
GlobalPost
IRZA
Servicio Internacional para la Paz
Univisión
Viaducto Sur
Wikileaks
www.imopcorp.com.mx

Estado de guerra

se terminó de imprimir
el 28 de noviembre de 2014
en Litográfica Ingramex, S.A. de C.V.
Centeno 162-1, 09810 México, D.F.
Composición tipográfica: Logos Editores